郵船クルーズPresents

ASUKA, Around the World

Vol.35

文=中村庸夫

ノルマンディーの風に吹かれ、セーヌ川を行く

フランス中部の街ディジョンの近郊に源を発して
北西に向かうセーヌ川。パリを流れ、ルーアンを通り、
ルアーヴルとオンフルールの間のセーヌ湾へと注ぐ。
河口付近の川幅は対岸が霞むほど広いが、
中下流部は大きく蛇行した流れが特徴。
かつては英仏海峡と北フランス内陸部を結ぶ河川舟運に使われ、
ヴァイキングがセーヌ川を遡上してパリにまで侵入した。
移ろう田園風景の中、ノルマンディーの風に吹かれ、
村々の間を縫って蛇行する流れを、中世が薫る
古都ルーアンへ向かって遡上する飛鳥Ⅱ。
なだらかな起伏が続くフランスきっての酪農地帯で、
「チーズの女王」と呼ばれるカマンベールチーズが特産品の地だ。
美食国フランスは、どこに行ってもその土地の
気候や風土が育んだ美味しい食べ物に出会える。
パリから100kmほど下流に位置するルーアンには、
ノルマンディー地方特有の木骨組みの家々が並び、
ゴシック様式の建物が多数残り、訪れる人を魅了する。
戦争や革命の記憶を刻みながらも、美しく発展を遂げた街は
英仏百年戦争のヒロイン、ジャンヌ・ダルク終焉の地であり、
聖堂内には彼女の生涯を描いたステンドグラスもあり、
街全体に中世フランスの歴史が満ちている。

なかむら・つねお
海洋写真家として海や海の生物、客船の写真を撮り続け、年間の半分近くは海外取材を行っている。2011年、内閣総理大臣から「海洋立国推進功労者」を受賞。「飛鳥」「飛鳥Ⅱ」を就航以来、撮り続けている。

https://www.asukacruise.co.jp/introduction/gallery/port-collection/

伝えたい感動がある。

ASUKA
CRUISE

ミュージアムに眠る明治時代のパンフレット、
世界と日本を結んだ日本郵船の貴重なアーカイブ。
そして、その伝統を受け継ぐ飛鳥Ⅱで旅することは
すなわち、壮大な歴史とロマンを共有すること。
多くの旅人が体験した価値ある船旅をあなたも。

お帰りなさい、飛鳥Ⅱへ

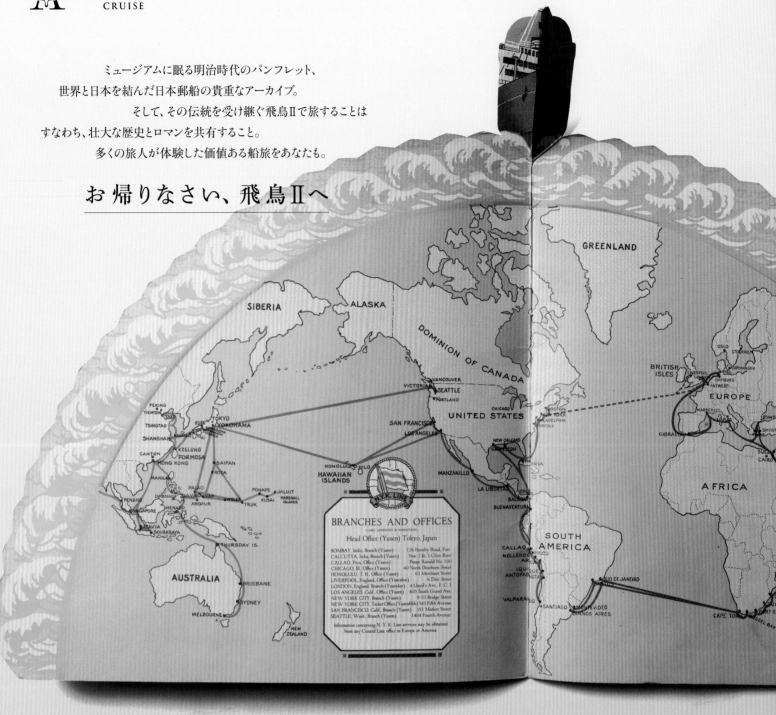

「日本郵船歴史博物館」収蔵（非公開品です）

飛鳥Ⅱ伝統の世界一周クルーズ。

2022年3月、飛鳥Ⅱは再び世界へ。歴史や文化が詰まった30の寄港地を107日間かけて巡る世界一周クルーズ。リスボン、ニューヨーク、ホノルルなど人気の港町ではオーバーナイトステイでより深く、アカバ、ジェノバ、チャールストンなどの初寄港地では新たな発見を。31もの世界遺産を訪れることができるのも2022年の世界一周クルーズならでは。長い伝統を引き継ぐ飛鳥Ⅱで、歴史と文化を堪能する大航海へ。

飛鳥Ⅱ

 郵船クルーズ株式会社

郵船クルーズ（株）は飛鳥Ⅱを保有・運航している会社です。

〒220-8147 横浜市西区みなとみらい2-2-1 横浜ランドマークタワー
TEL 045-640-5301（10:30〜17:00／土・日・祝休み）

飛鳥クルーズ　 検索

https://www.asukacruise.co.jp

CRUISE Traveller

Contents

Cover
「太平洋の女王」とうたわれた
名船・浅間丸などの
豪華なパンフレット。

photo by Takahiro Motonoami
design by Kenji Inukai

Vol.21

にっぽん丸
船首千景物語

photo & text by
Kazashito Nakamura

スポットライトを浴びて

　夜明け前の空を見ていると、贈り物の包み紙を開けるような期待感が込み上げてくる。まだ真っ暗な空と海は、この後にどんな色を見せてくれるのだろう。さざ波の音を聞きながら雲が流れる気配を頬で感じる。太陽が顔を出した瞬間、モノクロームだった写真はカラーになった。

　この日、にっぽん丸は奥尻島に向かい津軽海峡を航海していた。前日に水平線から昇った太陽とは違い、稜線の隙間から一筋の光が差し込む。辺りは暗いまま、自分たちだけが自然のスポットライトに照らされている。これから始まる今日という舞台の主役になった気分だった。

中村風詩人（なかむら・かざしと）｜1983年生まれ、海をライフワークとする写真家。世界一周クルーズをはじめ、南太平洋一周、アジア一周など長期乗船も多い。船上では写真講演や寄港地でのフォトツアーなども行う。代表作は、7つの海を水平線でひとつにした写真集『ONE OCEAN』（クルーズトラベラーカンパニー発行）、近著に『小笠原のすべて』（JTBパブリッシング発行）。

あなただけのイタリアが、
出航します。

コスタクルーズはイタリア生まれのクルーズ船。

太陽と海とエンターテインメント、

そして陽気で親切なクルー達が、皆様をお迎えいたします。

いつもとは違う時間と空間の中で、まだ見ぬ自分を大胆に解放し、

ドラマチックな美しき日々と共に、周遊の旅をゆっくりとお楽しみください。

海の上のイタリア、グランデ・イタリアがあなたをお待ちしています。

Costa
ITALY AT SEA

世界に誇る
日本の客船文化を
歴史から
読み解く

英吉利の詩人曰く
"HOW LITTLE THEY KNOW OF ENGLAND,
WHO ONLY ENGLAND KNOW."
さ、吾人亦曰はん『日本のみを知るものは最も日本を
知らざる者なり』さ。

see
page 18

（『郵船の世界一周』より）

The archives of Japanese

にっぽんの客船アーカイブス

世界のさまざまな「最上」を取り入れ、
日本ならではの「個性」を追及しながら
育まれた唯一無二の日本の客船文化。
客船や港の歴史を詳細に展示する各地のミュージアムや、
海事史家による歴史エッセイなどを通じて、日本の客船文化の壮大な絵巻に迫る。

N. Y. K. LINE

DINNER
―――◆◆◆―――

SUPREME GRAPE FRUIT FRUITIER "ASAMA"

HEART OF CELERY   SALTED CASHEW NUTS

CUP OLHIO PAILLETTES AUX PERMESAN

MOUNTAIN BROOK TROUT SAUTE MEUNIERE

GUINEA HEN EARLY GEORGE COURT

BROCCOLI HOLLANDAISE   LORETTE POTATOES

BELGIUM ENDIVE RICHE SALAD

GLACE NOISETTE A LA FUJITANA   FRIANDAISES

HONEY DEW MELON

DEMI TASSE

M. S. "ASAMA MARU"

Sunday, November 17, 1929

cruise ships

日本を代表する客船、浅間丸の
竹久夢二の絵が
華やかなディナーメニュー。

Part 1／船、港を感じるミュージアムに行こう！

海に囲まれ、海によって世界と結ばれてきた日本にとって、船はさまざまな文明を運ぶものだった。日本の海運を率いてきた船会社の歴史を伝える博物館や、船員養成に大きく貢献した帆船日本丸、日本を代表する横浜港の博物館など、ミュージアムを巡りながら日本を長く支えてきた海、船、港という存在を想ってみませんか。

NYK Maritime Museum

Part 1
Chapter 1

ルネサンス様式の建物で海洋国日本を想う

1936年に建てられた重厚でクラシックな
歴史的建築、横浜郵船ビルの中にある日本郵船歴史博物館。
日本の船旅文化の礎を築いた海運会社の足跡を訪ねて。

日本郵船歴史博物館

所在地：神奈川県横浜市中区海岸通3
丁目9 横浜郵船ビル ☎045-211-1923
休館日：月曜日（祝日の場合は開館、翌
平日休館）、年末年始、臨時休館日
https://museum.nyk.com/

写真＝本浪隆弘、束田勝広（P10〜11）
photo by Takahiro Motonami , Katsuhiro Tsukada
文＝島津奈美
text by Nami Shimazu

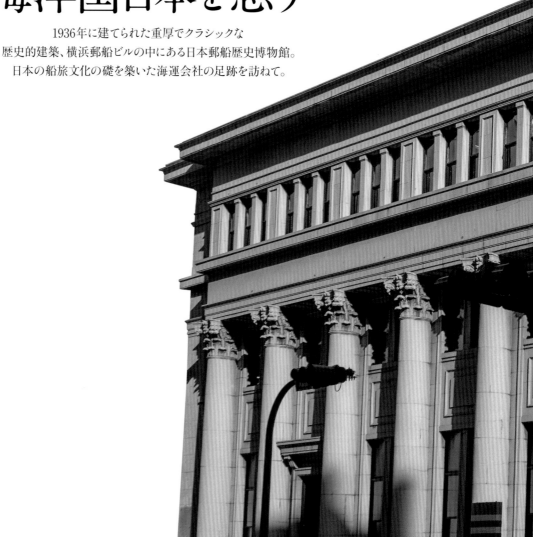

16本のコリント式円柱が並び、
壮麗なギリシアの神殿を思わせる
「日本郵船歴史博物館」

1936年、日本郵船株式会社創立50周年を記念して
建てられた「横浜郵船ビル」を設計したのは、
建築家の和田順顕(じゅんけん)。

私がご案内します

現在の日本郵船歴史資料館が入るビル内は、
建築当時流行していたアール・デコの
スタイルを取り入れている。

精巧で迫力ある船体模型が
歴史を感じさせる
館内に映える

創業100周年を迎えて作成された社史をきっかけに、前身の日本郵船歴史資料館は1993年に開館。10周年を区切りとして現在の横浜郵船ビル1階に移転した。歴史ある建物の雰囲気を生かすため、天井や照明を忠実に復元し、2003年6月、日本郵船歴史博物館と名称も新たにリニューアルオープン。佐藤芳文館長代理に見どころを尋ねた。「最大の見どころは船体模型です。当館には現在15隻を展示していますが、このうち戦前の客船全盛時代の3隻、浅間丸、鎌倉丸（秩父丸）、氷川丸が白眉と言えましょう。籾山艦船模型製作所が制作したビルダーズモデルで、造船所の設計図を基に作られたので極めて精巧にできています。4m近い大きさの迫力、非常に精密な造り、真鍮の棒から削り出して金メッキされた金属部品、ヒノキの本体に漆塗りされた優美な船体、見飽きることがありません。郵便汽船三菱会社の前身・九十九商会の時代の天水桶や、1901年に発行された乗客案内『郵船図会』も貴重な展示です」

郵便汽船三菱「日本郵船誕生秘話」のコーナーには、会社と共同運輸会社合併の調整役を務めた、渋沢栄一氏の肖像も。

船長ディナージャケット（戦前）の
夏服と冬服。
執務用と晩餐用が用意された。

1930年、日枝丸進水支綱切断用の
鑿（のみ）と鎚（つち）。奥は
平安丸進水記念品のブックエンド。

博物館内の船を思わせるデザイン
が展示品とマッチして、
船旅心を誘う。

飛鳥Ⅱ就航時の
インテリアプランを
紹介した展示。

日本を代表する豪華客船といわれる浅間丸の
1/48の縮尺でつくられたモデルシップ。
1929年当時最高水準の客船。

浅間丸の1936年8月12日の
ディナーを復元したもの。
長い航海を終え、港に入る前の特別の晩餐。

Asama Maru
浅間丸

"太平洋の女王"と
うたわれたオーシャンライナー、その足跡

当時、日本郵船が欧米船会社に対抗するために大型かつ高速の船舶建造計画を進めて誕生した優秀船9隻のうち、先陣を切って竣工したのが浅間丸。日本郵船は欧米人向けの宣伝ツールとしてポスターや絵葉書、パンフレットを制作したが、大判で金インクを使うなど、見た目も個性的なものが多く、そのデザイン性の高さからも新造船への期待の高さが伝わってくる。昭和初期のブックレットの一つは、浅間丸、龍田丸、秩父丸などの優秀船を紹介するため桑港（サンフランシスコ）支店が外国人向けに制作。富士山や鶴が描かれた扇形の表紙を開くと、半円中央に船が立ち上がるポップアート仕様だ。

当時の日本郵船社長、白仁武による
浅間丸の命名書（複製）。
日付は昭和3年10月30日。

浅間丸、龍田丸、照国丸、氷川丸の
船体イラスト入りのページ。
船内施設の紹介もされている。

凝ったデザインの浅間丸のパンフレットは
ページを開くと、半円中央に
船が立ち上がるポップアート。

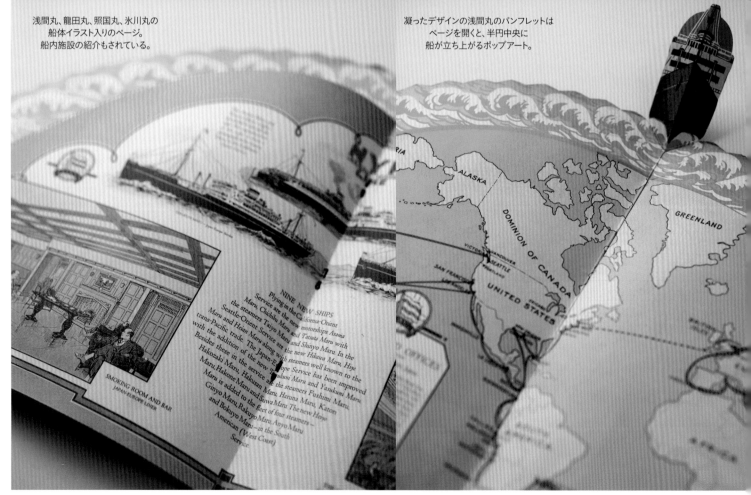

金色をぜいたくに使った
浅間丸の英文パンフレットは、
ページをめくると階層ごとに船内施設を紹介。

浅間丸をはじめとした優秀船の
外国人向けパンフレットの表紙には
鶴など日本らしいイメージが描かれていた。

イギリスのウェアリング・アンド・ギロー社による
古典的な装飾が採用された
浅間丸の美しい船内。

階層ごとに船内を紹介した
浅間丸のパンフレットは、
就航前に制作されたもの。

ホワイトリボンを引いた黒い船体に、
英国クラシックで設えた優雅な公室

浅間丸は、ホワイトリボンを引いた黒い船体にやや傾斜した2本の煙突とマストの美しい外観に、英国クラシックで設えた優雅な一等公室も壮麗。名船と言われるゆえんは、こまやかな船内サービスにあったという。佐藤館長代理はその魅力を語る。「船客スペースは従来の貨客船のおよそ2倍の広さを確保し、快適な船内生活を過ごせるようプールやジム、デパートの販売所、郵便局、日本初の船内銀行など充実した設備が備わっていました。とりわけ評判を呼んだ一等船客の料理は世界の有名レストランで研修した料理人が最上級の食材を使って腕を振るい、古典的なフランス料理だけでなく、特別メニューとして和食や中華料理も楽しむことができました」

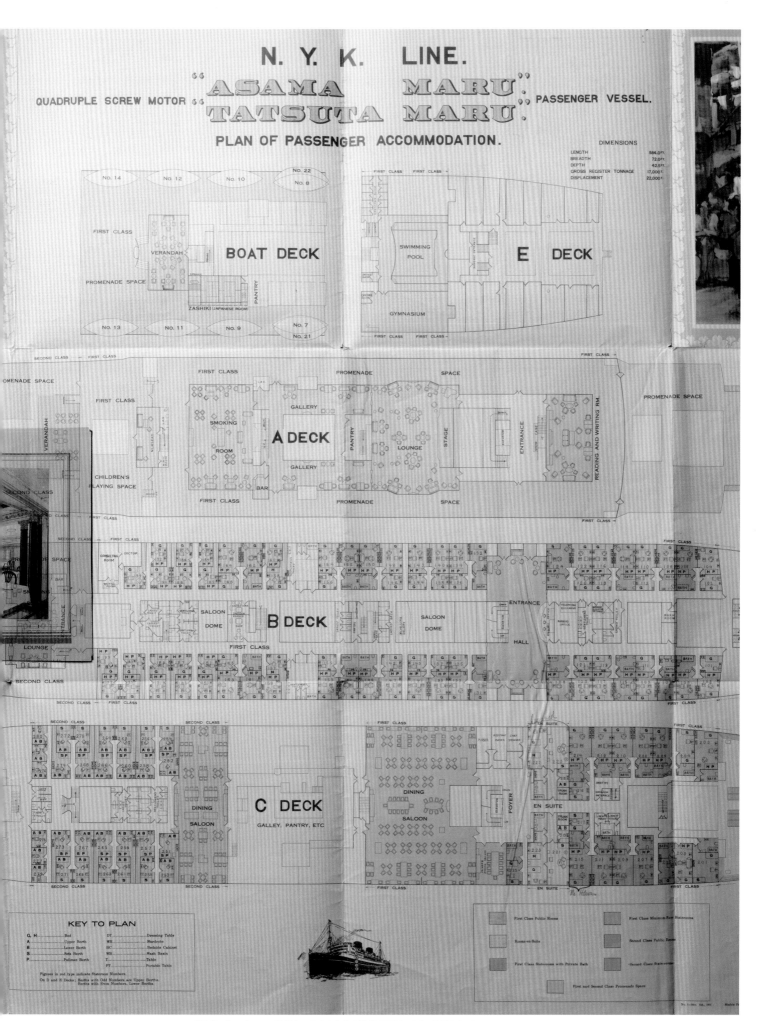

浅間丸・龍田丸の1、2等船客の公室と客室を船内配置図と写真で紹介したパンフレット。

英吉利の詩人曰く

吾人亦曰はん『日本のみを知るものは最も日本を
知らざる者なり』と。

"HOW LITTLE THEY KNOW OF ENGLAND WHO ONLY ENGLAND KNOW"

英吉利の詩人の
船旅に誘う文章から
始まるパンフレット。

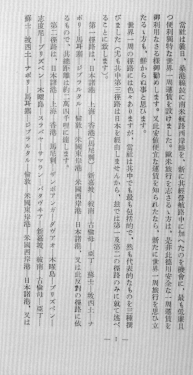

◎郵船の世界一周径路

常社は毎日、桑港繰茲並に南米縦路西岸線を、新に共經營航路中に加へたのを機會に、最も低廉且つ便利獨特な世界一周運賃を設けました。歐米旅行を志さるゝ方は、是非此徳用安全な一周運賃を御利用なさる様御勸めします。又此安値便宜な運賃を知られたなら、新たに世界一周旅行を思ひ立たるゝ方も、鮮から...と思ひます。

常社は其中でも最も包括的で、然も代表的なものを三種撰びましたので、共總距離は約二萬四千哩に達します。（尤も其中第三徑路は日本を經由しませんから、茲では第一及第二の徑路のみに就て逃べることに致します。）

第一徑路は、日本諸港—上海—香港（島尼剌）—新嘉坡—彼南—古倫母—亞丁—蘇士—坡西土—ナポリ—馬耳塞—ジブラルタル—倫敦—米國東岸港—米國西岸港—日本諸港、又は此反對の徑路に依るもので、共總距離は約二萬四千哩に達します。

第二徑路は、日本諸港—上海—香港（島尼剌）—馬尼剌—ザンボアンガ—ダヴアオ—木曜島—ブリスベン—志度尼—ブリスベン—木曜島—スラバヤ—サマラン—バタヴィア—新嘉坡—ジブラルタル—倫敦—米國東岸港—米國西岸港—日本諸港、又は

— I —

郵船の客船を使って世界一周や
欧州までのルート例が
紹介されている。

郵船の客船でつなぐ
夢の世界一周航路

Part 1
Chapter 1

英吉利（イギリス）の詩人による言葉から始まる、『郵船の世界一周』という1929年発行のパンフレットを見てみよう。「当社は、桑港線、シアトル線、南米西岸線、欧州線、孟買（ボンベイ）線、その他多岐方面にわたる客船航路を利用し最も低廉かつ便利独特な世界一周運賃を設けております」とあり、郵船取り扱いの船を乗り継いで世界一周の旅へ出るための案内である。「世界一周に関係ある日本郵船経営の主要客船航路と就航船」のリストとともに、世界一周の運賃の例が掲載されており、全区間一等の「英貨壹百九拾八磅六志」とは198磅（ポンド）6志（シリング）。寄港地エリアごとのパンフレットも種類豊富で、旅情を誘う。郵船の客船でつなぐ世界一周のルート図を眺めていると、現在の飛鳥Ⅱにもつながる客船文化を感じる。

郵船の船の
世界一周

日本郵船

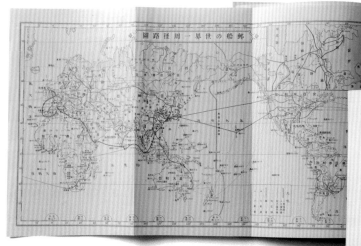

郵船の世界一周のルート図。
シンガポール、エジプト、ローマなどの
写真も掲載されている。

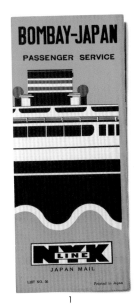

1

2

3

4

5

6

7

8

9

10

11

12

13

14

1920～1930年代の
海外各航路の
パンフレット

1_ボンベイ航路の航路案内。表紙は当時流行していたアール・デコのデザイン。1934年発行。 2_豪州航路の運航表。1927年発行。 3_表紙にロンドンの街を背景に出港する船が描かれた欧州航路の運航表。1925年発行。 4_移民地での生活の様子を紹介した南米航路の航路案内。1924年発行。 5_表紙にロンドンの街と空が描かれた欧州航路の運航表。1927年発行。 6_表紙にタージマハルが描かれたボンベイ航路の航路案内。発行年不詳。 7_一年間の運航表、運賃表、航路図、インドの風景写真を掲載した冊子。 8_表紙が両面でそれぞれ珈琲豆を収穫する男女が描かれた南米航路の航路案内。1927年発行。 9_豪州向けに作られた日本誘致の観光案内。1934年発行。 10_表紙に客船を手に置く鎌倉の大仏を描いた豪州向けの観光案内。1932年発行。 11_豪州向けに作られた日本誘致の観光案内。1936年発行。 12_太平洋横断旅行のお得な特別料金案内。1937年発行。 13_表紙に長崎版画の唐人蛇躍図が描かれた上海航路の航路案内。1931年発行。 14_カラーの航海図が付いた欧州航路の寄港地の案内。1924年発行。

本格的な船模型や
オリジナルグッズが充実

客船ファンが大人買いしたくなる品がそろっている
日本郵船歴史博物館のミュージアムショップ。

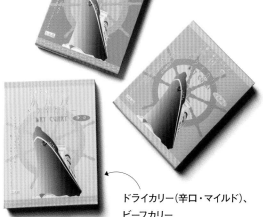

ドライカリー(辛口・マイルド)、ビーフカリー

日本郵船伝統のドライカリーはロングセラー。ビーフカリー640円、ドライカリー各820円。

サーモマグカップ

世界地図と氷川丸のイラストが描かれている。温度を保ちやすいサーモマグカップ。2550円。

キャプテンベア

二引のついた帽子を被ったキャプテンベア。残っているのは夏服のみ。2550円。

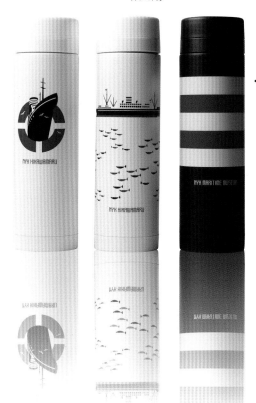

サーモステンレスボトル

ブイ(左)と魚(中央)は氷川丸竣工90周年記念で作成したもの。3種類どれも人気がある。各1830円。

ピンズ

プッシュピンでどこにでも付けられるピンズ。船、ブイ、二引のデザインがある。各510円。

3ポケットクリアファイル(4種類)

書類やレシート類などを整理するのに便利なクリアファイル。各360円。

氷川丸ロング一筆箋

氷川丸の断面図が描かれたレトロな雰囲気の一筆箋は24枚綴り。620円。

氷川丸タグパッド

かわいらしくデザインされた氷川丸のタグパッドは50枚綴り。510円。

※価格は全て税込み

Sail Training Ship

NIPPON MARU

Part 1
Chapter 2

地球を45.4周した

"太平洋の白鳥"の船内へ

1930年の就航から半世紀余り、
昭和の船員教育史に貢献してきた帆船日本丸。
1983年に引退後、1984年に横浜市に誘致、移管。
旧横浜船渠第一号ドックに係留され、
2017年には国指定重要文化財となっている。

帆船日本丸
（日本丸メモリアルパーク内）

総トン数：2,278トン 全長／全幅：97
／13メートル 定員：138名（練習船時
代196名）所在地：神奈川県横浜市西
区みなとみらい2-1-1 ☎045-221-0280
休館日：月曜日（祝日の場合は開館、翌
平日休館）※年末年始休館日あり
https://www.nippon-maru.or.jp/
nipponmaru/

現役時代、海を走る帆船日本丸。
総帆数は35枚（現在は29枚）
畳1245枚分にもなる。

右ページ：前部航海船橋の舵輪。
日本丸は帆走が基本だが、
入港時にはエンジンを利用した。

写真＝束田勝広
photo by Katsuhiro Tsukada

文＝島津奈美
text by Nami Shimazu

レピーターコンパス

テレモーター

約1万1500名の
実習生を育てた
船上の学び舎

デッキを歩くと
無数のロープが
張り巡らされている。

潮風とともに過ごした
練習生たちの
足跡が残る船

練習船・霧島丸の遭難事故を契機として、船員育成のための練習帆船として1930年に建造された帆船日本丸。54年間に約1万1500名の実習生を育て引退、現役時代の姿で保存、一般公開されている。この船を「動く教室」と語った商船学校の学生は『練習帆船日本丸』(1984年、原書房発行)の手記で語る。「船上の一日は朝の甲板掃除にはじまります。しばらくは策具の所在をおぼえるだけで精一杯で、余裕などまったくなく、暗夜の外洋で操帆するときにも、命令通り正確にやれるまで訓練がつづきました。昭和九年、第十次遠洋航海(4月〜7月)でサンフランシスコに行きました。船に乗って七カ月、自分では一人前の船乗りになったような気分でいましたが、東京湾を出たとたんに船酔いにやられてダウンです。(中略) 青い海、青い空の中、ときには時化の中での展帆、収帆、天測や船内の手入れにすごす明け暮れです。無風帯では帆をトリムして、総員上甲板で鼻歌を歌いながらぐるぐると大行進をやり、風待ちをしたこともあります。アホウドリを釣る楽しさ、腕の疲れるカツオ釣り、スリルたっぷりの鮫釣りも、単調な海の生活を忘れさせてくれたひとときでした」

練習船でありながら、クラシックな
船らしい雰囲気が随所に感じられる。

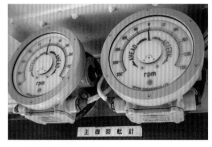

前部航海船橋にある
主機の回転数を示す
主機回転計。

船橋と船長室をつなぐ
伝声管は、
昭和時代の船ならでは。

救命胴衣(ライフジャケット)の
着用法を誰でも分かりやすいように
示している掲示。

船内換気のための
空気の取り入れ口となる、きせる型通風筒。
風向きに合わせて筒の部分を回す。

機関室には、スクリュープロペラを
動かす600馬力の
メインエンジンが2基ある。

夜食を含めて、1日4回、
10名ほどの事務部員が
百数十人分の食事を作る調理室。

日本人が
海を知るための
貴重な文化財として

厨房を率いる司厨長は、
栄養面を考えつつ献立が
単調にならないよう食事を考える。

練習生に食事を提供する司厨長が述べていた。「足もとが安定している順風快走のときは、われわれの仕事もやりやすい。だが、ひとたび大時化となれば、厨房は陸上の皆さんには想像もつかない修羅場に一変してしまう。立ってシーソーをやりながら食事を作る、乗組員が食べる、といった光景を思い浮かべていただければ、その状況に近いかもしれない。船体が二十五度以上も傾いて左右にガブる――この場合、厨房内の大きな道具は固定するが、食品類はそうはいかないので調理台の上を前後左右にすべる。それを飛びつくようにとらえるかっこうで何度も元へ戻さなければならない。(中略)心地よく頬に感じる南海の夜風、貿易風帯をひた走る帆走航海は私にとって一生の思い出である(『練習帆船日本丸』より)」

帆船日本丸が1984年に引退するまでの航海距離は地球45.4周分にもなった。1978年から横浜への誘致運動が始まり、イラストレーター、画家の柳原良平氏は横浜市民と港を結びつける会代表として参加。「日本丸は日本人に海を知ってもらうための貴重な文化財だから、最も見やすい場所に保存したい」という願いを語っていたという。

1部屋8人で生活する
実習生室のベッドのサイズは、
長さ185cm、幅65cm。

士官居住区がある
上甲板から長船尾楼甲板へ
上がる階段。

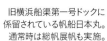

旧横浜船渠第一号ドックに
係留されている帆船日本丸。
通常時は総帆展帆も実施。

来客のもてなしや
航海士との打ち合わせなどに
利用する船長公室。

入り口に診察時間の掲示が残る
船医室には白衣が掛けられ、
手術用の台もある。

船の造形美を愛した
柳原良平
の世界

船の絵やアンクルトリスのデザインで知られる
柳原良平氏は、船が見える横浜に移り住み、
子ども時代から好きだった船の絵を描いた。
彼の愛した横浜に2018年に開館したミュージアム。

There is a permanent exhibition by artist Ryohei Yanagihara.

responsible for the famous "Uncle Torys" design used by Suntory.

サントリーが使用する
有名な「アンクルトリス」の
デザインを担当。

柳原良平アートミュージアム
（横浜みなと博物館内）

所在地：神奈川県横浜市西区みなとみら
い2-1-1 ☎045-221-0280 休館日：月曜日
（祝日の場合は開館、翌平日休館）※年末
年始休館日あり
https://www.nippon-maru.or.jp/
y-museum/

写真=束田勝広
photo by Katsuhiro Tsukada

文=島津奈美
text by Nami Shimazu

1

2

3

柳原良平氏が住んでいた横浜で、
約200点を展示する日本唯一のミュージアム

4

幼い頃から船と絵が好きで、京都美術大学に入学した柳原良平氏の夢は、「絵描きになったら、私にはひとつの夢があった。船の絵はがきの船の絵を描きたい」。港が見える横浜・山手に移り住み、生涯精力的に船の絵を描き続けた。柳原良平アートミュージアムは、柳原氏の作品を展示する日本で唯一の展示施設で、展示点数は約200点。「彼の作品の特徴は、明るい色調、親しみやすいタッチにあります。当館でも、水彩、油彩、リトグラフ、ペン画、切り絵などさまざまな技法の船の絵を数多く展示しています」(三木綾学芸員)

5

1969年、『柳原良平 第2船の本』を出版したとき、柳原氏が読者の好きな船の絵を描いてくれるという特典をつけた。3696通もの応募がきて、肉筆で2年描き続けて送り返した。応募が一番多かったのは「帆船日本丸」だったという。

6

1_グラフィックデザイン、挿絵、アニメーション、漫画、装丁、絵本などを手掛けた多彩な活動を紹介。 2_「イラストレーションとデザイン」のコーナー。 3_1958年の『たぐぼーとのいちにち』(福音館書店)以来、絵本も多く出版。 4_切絵「開港初期の横浜港風景」を含め横浜港のシーンを多く描いた。 5_にっぽん丸、アラスカの氷河などクルーズにまつわる絵も多く展示。 6_帆船日本丸の絵も多く、2020年12月から特集展示を開催。

1

2

3

4

Part 1
Chapter 4

1_柳原良平氏のスーツなどが展示されたコーナー。2_愛用のネクタイや時計なども展示されている。3_トレードマークの眼鏡や、船を写したカメラも。4_乗船した客船の荷札やラベルも展示。初めて乗船した外国客船ラーリン（マトソンライン）などのラベル。

船を見たり描いたりするとき、
美しさを一番に感じながら接している

横浜に移り住んだのは、1964年、東京オリンピックの開かれた年。横浜港の大さん橋には見物客のホテルシップとして多くの客船が停泊した。「プレジデントラインの客船は毎週のように寄港して二本煙突を見せていた。（中略）三隻が一度に集まって六本もの煙突が見えたこともある。イギリスのキュナードラインのカロニアが初入港の時は太い赤い煙突が印象的だった。あのころは山下公園の目の前のブイに貨物船が係留されハシケ荷役を行っていたり、沖のブイにたくさんの貨物船がいたから大みそかの汽笛はいろいろな音が天を響かすように鳴っていた」と柳原氏は著書『柳原良平のわが人生』（2017年、如月出版発行）で回想する。柳原氏は、横浜海洋科学博物館支援のための市民運動をはじめ、帆船日本丸横浜誘致運動、みなとみらい21計画などにも参画。柳原良平アートミュージアムの三

出版パーティーで
大阪商船三井船舶から
名誉船長の称号を贈られる。
1969年

世界一周海外旅行の途中、
サンフランシスコ港で
客船キャンベラと撮影。
1961年

船への夢を
追い続けた
イラストレーターの人生

小学校の頃から
船の模型作りに熱中し、
建造記録をつけるほど。
1951年

横浜誘致が決まった
帆船日本丸に
大阪から横浜まで乗船。
1983年

木学芸員は、「2015年にご逝去された後、ご遺族から横浜市に4848
点の作品が寄贈され、その保管、管理、公開を当館で行うことになり
ました。展示では、原点となった寿屋（現・サントリー）宣伝部時代
の仕事を紹介する『アンクルトリスと広告』、イラストレーター、デザ
イナーとしての多彩な活動を展示する『イラストレーションとデザイン』、
さまざまな技法で製作された船の絵を紹介する『Ryo.と船の絵』、柳
原氏の創作活動を知っていただくため、年3回ほどミニ展示会を開
催する『特集展示』の4つのコーナーとなりました」と紹介している。
　たくさんの船を描き続けた柳原氏はこう語った。「船の美しさに惹
かれて船キチになったのかもしれない。そして目的に合ったものには
美しさがあるということも学んだ。今でも船を見たり描いたりすると
き、美しさを一番に感じながら接している」（『良平のわが人生』より）

写真提供／柳原良平アートミュージアム

Yokohama Port Museum

Part 1
Chapter 4

海の玄関・ 横浜港を 立体的に知る

日本の海の玄関、横浜港をテーマにした初めての博物館。
歴史ゾーンでは約160年の横浜港の歴史を
開港前から国際競争力の強化を目指す現在まで
7つの時代に分けて振り返る。

横浜みなと博物館

所在地：神奈川県横浜市西区みなとみ
らい2-1-1 ☎045-221-0280 休館日：月
曜日（祝日の場合は開館、翌平日休館）
※年末年始休館日あり ※2021年6月
〜改修工事のため休館予定
https://www.nippon-maru.or.jp/port-
museum/

写真=束田勝広
photo by Katsuhiro Tsukada
文=島津奈美
text by Nami Shimazu

博物館に入ると、目に飛び込むのは
ペリー来航時の横浜（港→横浜）を
立体的に表現した展示。

人や物、想いと記憶を
つなぎ続けた
みなと横浜

「歴史と暮らしの中の横浜港」を
テーマにした
立体的展示を楽しむ

コーナー
Corner
私がご案内します

横浜みなと博物館の前身は「横浜マリタイムミュージアム」で、1989年の横浜開港130周年・横浜市制100周年を記念して開館。その後2009年の横浜開港150周年記念として、現在の「横浜みなと博物館」にリニューアルオープン。学芸員の三木綾さんが見どころを紹介してくれた。「昨年開館30周年を迎え、これからも横浜港をはじめ、海・船・港に興味を持っていただける博物館でありたいと思っています。客船に関係する展示も豊富です。1930年代、横浜港に内外の客船が多く出入りしていた時代を紹介した『客船の黄金時代』（常設展示室3『関東大震災と復興』コーナー）や、戦後の定期航路客船復活を紹介した「欧米の定期航路客船」（常設展示室5『高度経済成長と港の整備』）、ふじ丸など日本のクルーズ客船時代到来を紹介した「クルーズ客船の時代」（常設展示室6「コンテナ輸送時代の始まり」）、など横浜港の歴史の中で、客船がどのように移り変わっていったのかを知ることができます。また、常設展示室再発見ゾーン『海運』のコーナーでは日本の客船文化を紹介しています。戦前の客船の1等社交室で使われていたピアノなど、当時の華やかな文化を感じられると思います」

大阪商船、東洋汽船など日本の船会社が発展し
遠洋航路を開設した明治後半、
宣伝用ポスターも華やかだった。

1

2

3

4

5

1_開港後の横浜港を示す縮図。生麦村から開港場へと続く景観が描かれている。
2_前面に蒔絵がほどこされた、ぶえのすあいれす丸の1等社交室のピアノ。 3_1930年代の船旅に使われたワードローブタイプのトランク。アメリカのハートマン社のもの。 4_明治末期に建造された日本で初めて1万総トンを超える汽船となった、天洋丸の模型。
5_江戸時代の海運の主役となった、少ない人数で船を動かせる弁才船。

1894年の竣工当時から約100年間大さん橋を海底から支えていたスクリューパイル。

横浜港で操船体験できる
シミュレーターは
天候も切り替わる本格派

横浜開港以来160年の歴史、横浜港の仕組みと役割を網羅する館内の展示を前に、三木さんは語る。「横浜港の埋め立ての変遷や技術、出入港した船や横浜港から旅立った人物、貨物の移り変わり、造船の歴史など、さまざまな視点から横浜港のことを知ることができます。地下に広がる大きな展示室に、当館が30年以上をかけて収集してきた資料を豊富に展示しています。横浜港初の本格的な港の施設である大さん橋創建当時のスクリューパイルの実物や、各時代を象徴する船舶の模型などが見どころです。人気の船舶模型は、サンフランシスコ航路客船の天洋丸や南米航路貨客船あるぜんちな丸、メサジュリ・マリティムの貨客船アンドレ・ルボン、コンテナ船きゃんべら丸など。さまざまな船の種類の模型を約30隻展示しています」。見学の途中、体験型展示の「横浜港操船シミュレーター」で、横浜港内の小型船操縦に挑戦。飛鳥Ⅱが入港している大さん橋に小型船で近づく操船は、胸躍る体験になるだろう。

横浜港を彩った日本客船や外国船などを紹介する「クルーズ客船の時代」の展示

1_1961年に建設された横浜のシンボル、横浜マリンタワー。当時は日本で最も高い灯台だった。 2_1989年ごろにつくられた、みなとみらい21地区の完成予想模型。 3_1927年に4号岸壁に建設された客船ターミナル。主に北米航路の離発着時に使用された。4_横浜港操船シミュレーターは、昼・夜などの時間帯や天候も選択できる

柳原良平グッズや帆船日本丸グッズが充実

横浜みなと博物館、柳原良平アートミュージアム、帆船日本丸の
ミュージアムショップのおすすめの品を紹介。

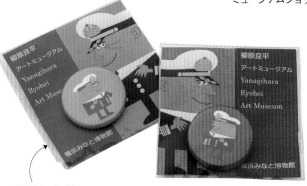

柳原良平アートミュージアム図録

柳原良平氏のイラストや言葉などが収録されたお洒落なパンフレット。509円。

良平氏缶バッジ

柳原良平アートミュージアムオリジナルの缶バッジ。ピンクとブルーの2色展開。110円。

柳原良平絵ハガキ

種類豊富で、たくさん欲しくなりそうな絵ハガキ。8枚セットなどの販売も。110円。

柳原良平エコバッグ

カラー展開豊富で好きな色が選べるエコバッグは、ショッピングのお供に。440円。ピンクとブラックもある。

柳原良平マグカップ

片面に客船、片面に欧文でRYOHEIと描かれたオリジナルマグカップ。1019円。

日本丸ジグソーパズル

華麗な帆船日本丸のジグソーパズルは、完成後飾っても絵になりそうだ。104ピース。2200円。

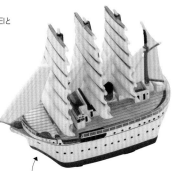

日本丸チョロQ

ゼンマイばねで駆動して走る、かわいらしい帆船日本丸。1100円。

オリジナル多色マット

ロープを編んで作ったマットは、船乗りの技を生かした手作りの品。407円。

※価格は全て税込み

Other Maritime Museums in Japan
その他の海、船を感じるミュージアム

福岡 | 北九州

関門海峡ミュージアム

Kanmon Kaikyo Museum

福岡県北九州市門司区西海岸1-3-3
☎093-331-6700
https://www.kanmon-kaikyo-museum.jp/

1_関門海峡ミュージアムの外観。
2_客船をイメージしたプロムナードデッキ。 3_吹き抜けのエントランス。

「関門海峡をまるごと楽しむ体験型博物館」をコンセプトにしたミュージアム。吹き抜けの海峡アトリウムでは、ミュージアムに常設されているものでは日本最大級のスクリーン（縦9m×横18m）で関門海峡の自然や歴史の海峡ドラマを大迫力映像で体験できる。海峡体験ゾーンでは「操船シミュレーション」や「コンテナクレーンゲーム」など、関門海峡を学べるほか、関門海峡が一望できる客船のデッキをイメージしたクルーズカフェ「キャナル」を併設。

兵庫 | 神戸

神戸海洋博物館

Kobe Maritime Museum

兵庫県神戸市中央区波止場町2-2
☎078-327-8983
https://kobe-maritime-museum.com

1_帆と波をイメージした博物館の外観。 2_神戸港を操船するシミュレーター。 3_開港150周年シアター。 4_トリックアートを設置した3Dフォトスポット

兵庫県神戸市中央区のメリケンパークにある「神戸海洋博物館」は、「海から港から神戸が始まり、未来に船出する」をコンセプトに、昭和62年に神戸開港120年記念事業としてオープン。大海原を駆ける帆船の帆と波をイメージした白いスペースフレームの大屋根が特徴的で、神戸港のシンボルの1つになっている。1868年の神戸開港に際して祝砲を撃った軍艦であるイギリス帆船「ロドニー号」の1/8スケールの模型など、海事関連の貴重な展示が充実。

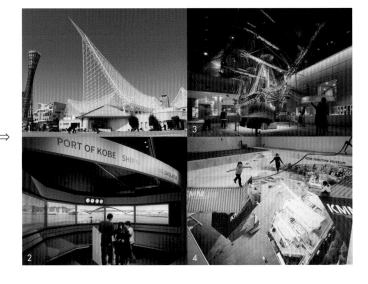

愛知 | 名古屋

名古屋海洋博物館

Nagoya Maritime Museum

愛知県名古屋市港区港町1-9
☎052-652-1111
https://nagoyaaqua.jp/garden-pier/museum/

1_名古屋海洋博物館の外観。 2_名古屋港の操船を体験。 3_「日本一の名古屋港」ゾーン。

名古屋港の役割や生活との関わり、海や貿易の歴史を分かりやすく紹介する博物館。「おたのしみブリッジ」ゾーンの「操船シミュレータ」では、名古屋港をCGでリアルに表現した映像を見ながら船の操縦を体験できる。「体験リアルポート」ゾーンにある、ガントリークレーンの操作体験シミュレータでは、地上45mからのクレーン操作をゲーム感覚で楽しめる。南極観測隊員を乗せた船を公開している「南極観測船ふじ」が隣接。

海、船にまつわるミュージアムは、全国各地に点在。
体験施設や実際の船を展示したものなど、それぞれ興味深い。
各地の港と一緒に巡ってみたら、素敵な小旅行になりそう。

富山 | 射水

帆船海王丸

Hansen Kaio maru

富山県射水市海王町8番地
☎0766-82-5181
http://www.kaiwomaru.jp/kaiwomaru

1_総帆展帆を行ったときの海王丸。
2_デッキ上にある舵輪。 3_航海計器類が備え付けられた前部航海船橋。4_来客の対応にも使われる船長公室。

大型の練習帆船「海王丸」は、「日本の海の王者たれ」という日本の海運に寄せる期待を込めて、姉妹船の日本丸とともに1930年に建造。約60年の間に106万海里（地球約50週）を航海し、多くの船員を育ててきた。1990年4月から富山で一般公開を開始し、現在も海洋教室等の青少年錬成の場として活用されている。立山連峰を背景に、新湊大橋、海王丸を中心に広がるベイエリアは、海王丸パークとしても親しまれている。

東京 | 品川

船の科学館

Museum of Maritime Science

東京都品川区東八潮3番1号
☎03-5500-1111
https://funenokagakukan.or.jp/

1_展示されている初代南極観測船「宗谷」。 2_海と船の文化をテーマにした展示。3_別館展示場の外観。

日本初の南極観測船として1962年まで、6次にわたる南極観測で活躍した「宗谷」の公開や、海底に沈設した居住実験施設の海底ハウス"歩号一世"、潜水調査船"たんかい"などの野外展示のほか、現在展示公開休止中の本館で展示していた資料の一部を別館にて展示公開。「にっぽんの海」や「海をまもる」等の7つのブースにて、調査船、巡視船、イージス艦などの船舶模型やにっぽんの海のジオラマ模型、各種映像を展示。

広島 | 呉

呉市海事歴史科学館

愛称：大和ミュージアム

Yamato Museum

広島県呉市宝町5番20号
☎0823-25-3017
https://yamato-museum.com/

1_呉市海事歴史科学館の外観。
2_テラスからの風景。 3_1/10スケールの戦艦「大和」。 4_船をつくる技術展示室にて。

呉市海事歴史科学館は、明治以降の日本の近代化の歴史そのものである「呉の歴史」と、その近代化の礎となった造船、製鋼をはじめとした各種の「科学技術」を、当時の生活・文化に触れながら紹介。呉市は戦前には戦艦「大和」を建造した東洋一の軍港として栄え、戦後も、世界最大のタンカーを数多く建造するなど、日本が世界有数の造船国へ発展する一翼を担った。戦艦「大和」の1/10スケール模型や貴重な戦時中の実物資料なども見どころ。

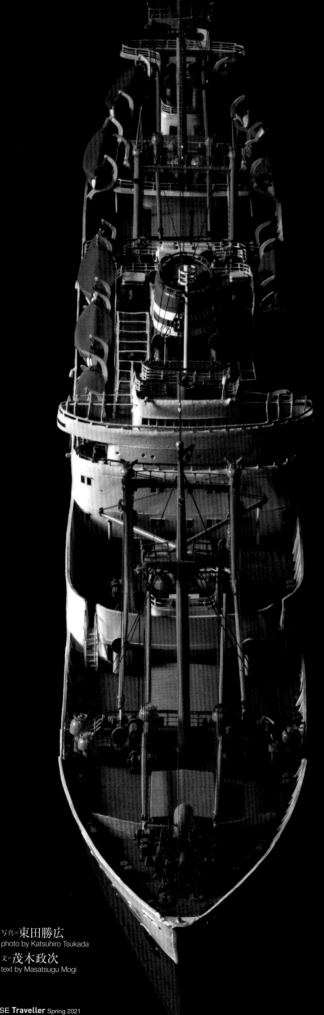

写真=束田勝広
photo by Katsuhiro Tsukada

文=茂木政次
text by Masatsugu Mogi

A Legacy of Mitsui O.S.K. Lines

ぶらじる丸の アーカイブに見る 栄光の 客船時代

商船三井本社の資料室に眠る
貴重な収蔵品から読み解いた
オーシャンライナーの優雅な旅時間。

私がご案内します

ぶらじる丸

所有会社：大阪商船／現・株式会社商船
三井 総トン数：10,100トン 全長／全幅：
156／20メートル 乗客定員：一等12名、
二等68名、三等902名（建造時）就航／
退役：1954／1973年

戦前の客船黄金時代、大阪商船の
最大・最速の豪華客船であった初代
「ぶら志る丸」の名前を受け継ぎ、戦
後初の南米航路向け客船として1954
年に誕生。1965年には本格的客船
への改装を行い太平洋での客船サー
ビスを開始、現在の商船三井客船の
サービスを確立した名船。

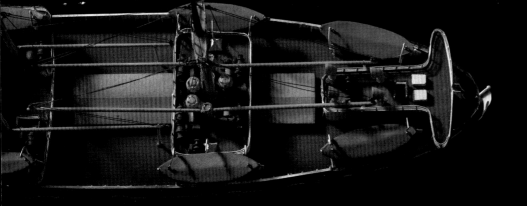

これまでの黒一色から
新時代の客船らしく
華やかなラベンダーグレーをまとう

1 30年以上にわたり日本の海運を担ってきた商船三井。1939年にはあるぜんちな丸、ぶら志る丸という当時の日本造船技術の粋を集めて建造された貨客船が南米航路に就航。そのレガシーは今現在もにっぽん丸に引き継がれていることを、多くのクルーズファンは知るところだ。脈々と続く同社の客船事業、その伝統の一端を探るために商船三井の社史資料室を訪ねることにした。事前に中村洋調査役にお願いしていたことは「往時の客船事業のシンボルを拝見したい」ということ。そしてご案内いただいたのが二代目ぶらじる丸の資料の数々である。戦前の客船黄金時代を代表する初代の名前を受け継ぎ、戦後初の本格的客船として期待されて誕生した。「就航時、戦後初の本格的な船内施設は大いに注目されました。客船らしい華やかでユニークな船体色も当時は革新的とされ、驚きを持って迎えられたようです」と語る。その貴重な資料から垣間見える、優雅な洋上生活と栄光の客船時代を探ってみた。

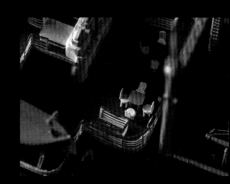

船首方向に設けられた一等ベランダ。
水平線を眺めながらの
優雅な時間を。
その後ろは一等喫煙室とある。

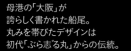

母港の「大阪」が
誇らしく書かれた船尾。
丸みを帯びたデザインは
初代「ぶら志る丸」からの伝統。

就航年月が記された
ぶらじる丸の鐘。
時を経た今でも
澄んだ音を響かせる。

シンプル イズ
ベスト！
中面もさすがです。

大阪商船

OSAKA SHOSEN KAISHA　O.S.K. Line

航路御案内

乗船　南米航路北米航路　欧州航路　濠州航路　出国手続

海外旅行の御計画がきまりますと、御渡航には、船と飛行機、即ち海と空の二つ道がある訳です。だが、一たん海外へ行くとなると出発前の手続きや、挨拶廻りや、送別会などと、忙しい日が続いて、それこそ、身体が二つあっても足らない位い、愈々出発の当日は、心身共にくたびれて、しばらく静養したい気分になるのは誰しもだと思います。

その様な時船旅は、まさに最適と云えましょう。周囲の煩らはしさから漸く解放された青い空と海の間の幾日かは、完全な静養を与えるに違いありません。おまけに出発前、整理しておきたかったことも、ゆったりした気分で充分時間をとって仕上げる事が出来ましょう。ロスアンゼルス迄御乗りになった或る御客様から、「おかげで、三年間もためっぱなしにしていた写真を、すっかりアルバムに整理する事が出来ましたよ、船旅は有難いですねえ。」と御便りを頂いた事があります。

到着迄に読んで置きたい本も読め、船中団楽の裡に海外への予備知識が得られる等、船旅ならではの妙味です。

大阪商船は七十数余年の歴史を持った船会社で、その伝統的なサービスは世界的に定評があります。就航している船も最新式の優秀船ばかりで、一度御乗船になるとその快適な味が忘れられないと云うお客様が増え二度、三度と御利用いただいております。どうかこの経済的でしかも、素晴らしい船旅の味を、是非この機会に味わってみて頂きたいものと存じます。

広げてみると…

当時、世界各地への航路を有していた
大阪商船の航路案内

ぶらじる丸の就航直後に作成された
カラフルなパンフレット。
柳原良平氏のイラストが旅へ誘う。

それぞれ装いが美しい
大阪商船三井船舶時代の航路案内。
どの時代も柳原良平氏が
イラストを担当していた。

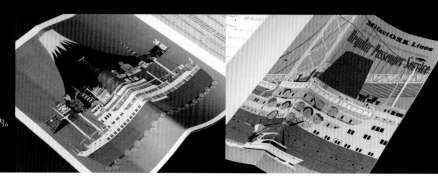

乗船予約から下船までが書かれたページ。
荷物は客室持ち込み、手荷物室預かり、
船倉積みの3種類に分類するところが
長期の船旅時代を物語る。

従来は喜望峰経由であった南米航路は
パナマ運河経由となりその利便性が謳われている。
就航船はぶらじる丸のほかあるぜんちな丸など4船。
最終目的地はブエノスアイレス。

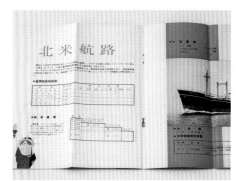

横浜からサンフランシスコ、ロサンゼルス、パナマ
運河経由でニューヨークへ月2往復とある。
アメリカ西海岸まではぶらじる丸など南米航路線、
そこから北米線への乗り継ぎの提案も見える。

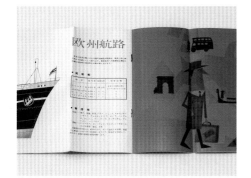

こちらは、欧州航路運賃と案内ページ。
運賃は基隆、マニラ・台湾、シンガポール、アデン、
スエズ・ポートサイド・アレキサンドリア、ジェノアと
目的地別に。最終目的地はハンブルグ。

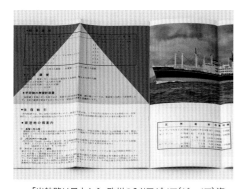

「当航路は日本から、欧州の入り口ゼノア(ジェノア)迄
30日間、各国の主要港へ次々と寄港いたしますので
錨泊中を利用して、移り往く各地の情緒を
御見物願へます」の一文も見られる。

めくるだけで 旅人を世界に誘う 航路案内

「ぶ」らじる丸のラベンダーグレーが最もよく表現された資料をご用意しました。これは当時の世界各地への航路案内です。ポイントに柳原先生のイラストが配されモダンな印象、今見ても新鮮なパンフレットではないでしょうか。中面には航路ごとに就航船、運賃、到着時の案内、港から中心部への交通情報まで記されており、コンパクトながら必要な情報が丁寧に記されているのがわかります」。現代に比べると情報が極めて少なく、乗船者の旅の手引きとして貴重なパンフレットであったと想像できる。掲載された乗船者からのコメントとして、「おかげで、三年間もためっぱなしにした写真を、すっかりアルバムに整理することが出来ましたよ。船旅は有難いですねえ」とある。今でいうスロートラベルの良さをいち早くセールスポイントに置いていたことが見てとれる。旅客機との競合が始まりつつあり、船旅の良さを「優雅な時間」に置き換える、そんな時代のパンフレットだ。

オーストラリア航路の案内ページ。
毎月2日に神戸からシドニーまで12日間。
寄港地は、メルボルン、アデレード、ブリスベン。
「快適で、運賃の安い」という一文が興味深い。

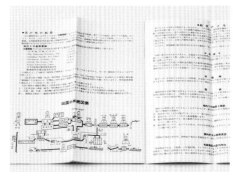

出国の手続きほか船内諸情報も記されている。
服装項には「船内は平穏な航海でも、多少動揺の
あるものですからご婦人のハイヒールのご利用は
なるべくお避けになった方が」。少しほほ笑ましい。

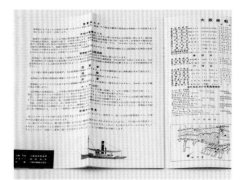

最後のページには大阪商船のオフィス案内がある。
東京本社のほか大阪、横浜、神戸、門司、小樽、
名古屋の各支店ほか海外はニューヨークなど7支店
世界的な事業展開の様子がわかる。

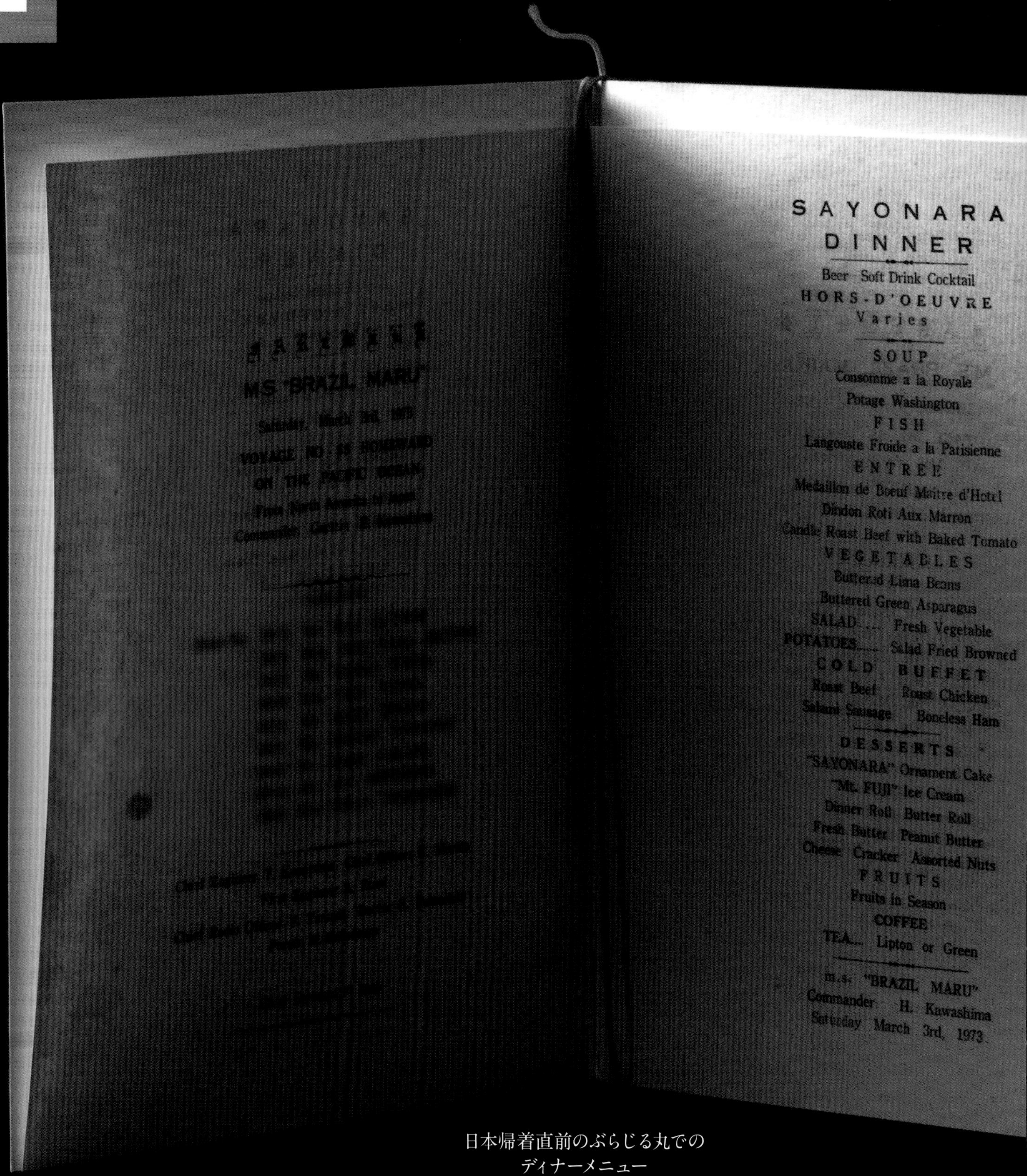

MS "BRAZIL MARU"

Saturday, March 3rd, 1973

VOYAGE NO. 58 HOMEWARD

ON THE PACIFIC OCEAN

From North America to Japan

Commander Captain H. Kawashima

SAYONARA DINNER

Beer   Soft Drink   Cocktail

HORS-D'OEUVRE
Varies

SOUP
Consommé à la Royale

Potage Washington

FISH
Langouste Froide à la Parisienne

ENTREE
Medaillon de Boeuf Maître d'Hôtel

Dindon Roti Aux Marron

Candle Roast Beef with Baked Tomato

VEGETABLES
Buttered Lima Beans

Buttered Green Asparagus

SALAD ... Fresh Vegetable

POTATOES ... Salad Fried Browned

COLD BUFFET
Roast Beef   Roast Chicken

Salami Sausage   Boneless Ham

DESSERTS
"SAYONARA" Ornament Cake

"Mt. FUJI" Ice Cream

Dinner Roll   Butter Roll

Fresh Butter   Peanut Butter

Cheese   Cracker   Assorted Nuts

FRUITS
Fruits in Season

COFFEE
TEA... Lipton or Green

m.s. "BRAZIL MARU"

Commander   H. Kawashima

Saturday March 3rd, 1973

日本帰着直前のぶらじる丸での
ディナーメニュー

1973年3月3日土曜日の晩餐。
SAYONARA Ornament Cakeとはどのようなものか興味深い。
左側には乗船した9名の一等船客の名前が記されている。

昭和46年8月29日から10月23日にわたる「ぶらじる丸壱等洋食献立綴」。最後の南米航路のものと思われる貴重なメニュー表。表紙には船長のほか、乗船していた事務長、司厨長の名が見られる。

2日目の夜はウェルカムディナー。Dinde roti aux Airelle-rouge（七面鳥のローストコケモモソース添え）のようなフランス語表記が多く見られるように、本格フランス料理を目指していたことがうかがえる。

最初の朝食メニュー。4種類のジュース、シリアル、パン、メインはお好みの卵料理と充実している。Misoshiru, Rice, Tsukemnoという表記も。中村氏によると「時にはアジフライなども供されたようです」とのことだ。

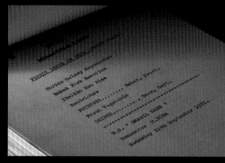

時にデッキでは、ハワイ風ベイクドポーク、海老のマヨネーズ和え、ピラフ、サンドイッチなどからなる昼食も供された。ゲストを楽しませるためだろう、この日の昼食をピクニックランチと命名するセンスがとにかくすてきだ。

1971年9月19日のSAYONARA DINNER。上段にはカクテルとシャンパンがふるまわれるとの表記も。最後の晩餐を楽しみながら、到着するブエノスアイレスに想いを馳せたのだろうか。メニューからは船内の雰囲気が伝わってくるようだ。

瀬戸内、別府航路などでの
長い経験のなかで磨かれた
洋上の美食の世界。

最後に、当時の優雅な航海が垣間見える食に関する資料を拝見した。「ぶらじる丸の最後の太平洋航海となる時代の一等食堂のメニュー集です。オードブルから始まり、サラダ、メイン、デザートまで毎晩フルコースでゲストをもてなしていました。日本を出立して数日後にはウェルカムディナー、最終目的地前日にはサヨナラディナー、その他にも赤道通過日やパナマ運河通過時などストーリーに基づいたメニュー作りは、長い航海を有意義に過ごしていただくために、限られた条件のなか、厨房の努力が見てとれる資料です」。ぶらじる丸では通常のダイニングのみならず、時には気分転換のためにデッキでの「ピクニックランチ」と題した軽食の提供も。今日、にっぽん丸が評価されるポイントである食のエンタテインメントは、この時代からの伝統であり、遺産と言っても過言ではないだろう。

毎日のメニューには
日本を感じる挿絵がデザインされた
優雅なカバーが装丁されていた。

日本資本主義の父
渋沢栄一の旅

1867年、一人の日本人が
船で欧州へ。

江戸末期に徳川昭武に随行し、フランスをはじめとした
欧州に滞在した渋沢栄一の洋行について紹介。
その洋行は「自分の一身上一番効能のあった旅」で
あったと後に渋沢は振り返ったという。

文=関水信和（客員教授）
text by Nobukazu Sekimizu
肖像画：深谷市所蔵

Special Column
Eiichi
Shibusawa

渋沢栄一は、明治期に多くの企業を設立し日本の近代産業の礎を築いた。27歳の時に欧州で、度量衡・電信・新聞・鉄道などの新しいシステムの効能、産業全般の発展の重要性、教育・財政健全、会社組織、社会事業、病院などの重要性などを学び、帰国後に会社制度を利用して実践し日本の産業発展に貢献。洋行で海運の重要さにも気づいた渋沢はのちに共同運輸を設立、その流れは現代の日本郵船にも引き継がれている。

※関水信和「渋沢栄一における欧州滞在の影響
—パリ万博（1867年）と洋行から学び実践したこと—」
（『千葉商大論叢』第56巻 第1号）、
2018年7月、千葉商科大学

最近は日本でも豪華客船のクルーズを楽しむ人が増えている。私も最近、2年に1度程度は台湾・韓国などアジア諸国などへのクルーズを楽しんでいる。私が初めてそれを経験したのは1980年に28歳でスペインに留学した際に、ビザ更新のために訪問したアテネでたまたま立ち寄った旅行社で、キャンセルされた船室を格安で売るからと薦められた地中海クルーズであった。薦められるまま乗船したものの当時はクルーズを楽しむ日本人はまだ稀で、乗船客のアジア人は私一人で、少し心細い思いをした記憶がある。

今年のNHKの大河ドラマの主人公の渋沢栄一が初めて洋行したのは1867年で彼が27歳の時で、私の留学とほぼ同年齢であった。また私は1970年の大阪万博に感動し通ったが、彼も1867年のパリ万博において、最新のヨーロッパ文明に触れ強い感銘を受けている。さらに私はバイオ・ベンチャー企業の起業家であり、明治期に多くの企業を興し「日本資本主義の父」と称される渋沢栄一と多少は共通点もあり縁のようなものを感じ、渋沢栄一について調べたことがある。本稿は小論※からの抜粋が含まれている。

1840年に現在の埼玉県深谷市の豪農の家に生まれた渋沢は本を読むことが好きな少年であった。長じて政治体制に不満を持ち、倒幕の野心を抱いて過激な計画を立てたものの寸前で思い留まり、その身の処し方に困った末、縁あって一橋家に仕官した。そして1866年一橋家の重役から、徳川慶喜の名代である弟の徳川昭武の洋行使節への参加を打診されると、直ぐに引き受けた。学問好きの渋沢は科学技術など全てが進んでいるヨーロッパに行く絶好の機会と歓喜したようである。

渋沢は出発まで時間もなく慌てて洋服を入手したが、西洋の様子など分からず、教えてくれる人もいなかったと後に述懐している。語学教師のフランス人に招かれた時に初めて洋食を口にしており、江戸末期の人にとって西洋は遠い存在であった。1867年2月15日（慶応3年）、渋沢は徳川昭武の随行員としてフランス船アルヘー号に乗って日本を離れた。この船について渋沢は、「今から見れば殆んど問題にならぬほどの小汽船であるが、当時の私共の目から見るときは、設備万端実に至れり蓋せりで、吾々の陸上の住居よりも遙かに贅沢なものであった」などと回顧録に記している。船中においては、食事など全てフランス式で、コーヒー、紅茶、

ハムなど全てが、彼には珍しいもので、ハムのことを「豚の塩漬」と記している。またバターについては、「ブールという牛の乳の凝たるを、パンへぬりて食せしむ味甚美なり」と書いている。またコーヒーに関して、「食後カツフヘーという豆を煎じたる湯を出す砂糖牛乳を和して之を飲む顔る胸中を爽にす」と書いている。洋食が珍しかった当時としては、渋沢の西洋文明に対する順応性の高さがうかがえる。また日記には、食事・お茶の回数や食事の内容についてはデザートにいたるまで、かなり細かく書いている。現在の大型客船とは異なり、船体はかなり揺れたが、船酔や和食が食べられないことの不満などの記述は見当たらない。当時、船に乗るということは、いろいろなリスクを伴ったが、渋沢は好奇心が強かったこともあり、船旅を結構楽しんでいたように思える。船旅を楽しむことがクルーズであれば、渋沢はクルーズを初めて経験した日本人の一人だったのかもしれない。一行は横浜を出て4日後に上海に到着し、渋沢は中国について、文明開化に遅れ自国が一番だと決め込むと国力が貧弱となり、西洋列強の思うままとなると記して、日本も同様なことが起こるという危機意識を持ったように思える。続いて香港、サイゴン、シンガポール、セイロンに寄港した。後に渋沢は、「航海中、各地に寄港して視察したが、何れも初めて接する外国の風物の事であるから、一つとして珍しからぬはなく、中には眼を瞠らしむるものも尠なくなかつた」と書いている。一行は3月21日にアラビア半島のアデンに、3月26日にスエズに入港し、上陸した。渋沢はスエズ運河の工事を見て、「国家を超越して（中略）大計画を実行する点に感服せざるを得なかった」とし、後に工事が会社組織により行われていることを知り、帰国後の会社設立の原点となった。3月27日未明カイロを通過、同日朝アレキサンドリアに到着。一行は汽船で4月3日にマルセイユに到着した。そしてリヨンを経て4月11日、横浜を出て56日目にパリにようやく到着した。そして開業したばかりのグランドホテルに滞在した。このホテルは名前を変え現在も存在し（写真下）、1階には当時と同じ名前のカフェ（写真上）が営業を続けている。これらの写真と同じアングルの当時の写真・イラストと見比べると馬車が自動車に代わっていること以外、なにも変わっておらず、立派なホテルであったことが分かる。城以外に大きな建物はなかった"江戸"からやってきた一行を驚嘆させたに違いない。一行代表の徳川昭武が4月28日に皇帝ナポレオン3世に謁見し、公式行事が一通り済むと6月20日に渋沢は初めて万博会場に行ったようである。後年渋沢は、蒸気機関などの素晴らしい最新技術が競って展示され、新しい技術・文明に直接触れ大変感激したとしている。1868年10月19日にフランスを離れるまでの間に、渋沢は使節の随員として欧州各国を訪問し進んだ技術・近代的な社会制度を勉強し、帰国後に、日本で実践し日本の近代化に大きく貢献した。

　横浜から東南アジア・スエズを経てマルセイユに上陸するという渋沢と同じルートでクルーズを楽しみ、江戸〜明治時代の先人の思いに浸るというのが私の夢である。

現在のCafé de la Paix。天井部分を除いて建設当時の状態が保存されている（2014年筆者撮影）。

現在のグランドホテル。建設当時と同じアングルの写真には馬車が写っている。（2014年筆者撮影）。

せきみず・のぶかず
──
千葉商科大学・帝京大学客員教授。
（株）ゲノム創薬研究所アントレプレナー。
三井住友銀行勤務時にスペインに留学。
慶應義塾大学（商・文）卒、
多摩大学大学院修士修了、
中央大学（法）卒・同院修士修了・
同院博士修了単位取得。
東京大学大学院MOT修了単位取得、
千葉商科大学大学院博士修了。博士・
税理士。著書『技術系ベンチャー企業の
経営・知財戦略』ほか

野間 恒が語る日本客船の足どり

野間 恒

のま・ひさし：海事史家。
The World Ship Society終身
会員、海事技術史研究会顧問。
1974年商船三井ロサンゼルス駐
在員、1988年 九州急行フェリー
取締役社長（〜1998年）、主な著
書に『豪華客船の文化史』（1993
年、NTT出版）、『客船の時代を
拓いた男たち』（2015年、財団法
人交通研究会）、『客船の世界史』
（2018年、潮書房光人新社）など

Part 2
History of Japanese passenger liners as told by

Hisashi
Noma

16世紀から17世紀にかけてポルトガル人マゼランが世界一周したり、ドレーク船長がエリザベス女王の指示で同じく世界を一周したり、オランダやイギリスが東インド会社を設立して持ち船で東洋を目指したのは、植民地を設け本国を肥やすためであった。その間、日本は永い眠りをむさぼっていた。1853年にペリー艦隊の来訪で日本は太平の眠りから覚める。大名の食い扶持が農作物しかなかった日本は急きょ海外進出に踏み切る。この口火を切ったのは日本列島の南端にある九州の大名や武士、商人であった。そして坂本龍馬より1歳年長だった岩崎弥太郎により、日本海運の萌芽が現れる。

文,写真=野間 恒
text & photo by Hisashi Noma

上：戦前の日本技術の粋を尽くして
建造された新田丸が
太平洋を疾走するシーン。

下：移民船でもあった
ぶらじる丸(2世)の
鎧が飾られたコーナー

日本の客船史

ペリー来航から客船元年まで

1853年の黒船の来航から、
日本の海運は激動の時代をスタートする。
船会社は荒波に揉まれながら発展を続け、客船元年といわれた
新しいクルーズの時代につながっていく。

	一般事項	日本郵船	大阪商船
1853	ペリー艦隊来航		
1867	US～HK航路開設(PM)		
1868	明治維新	九十九商会東京～高知線	
1873		三菱商会と改称	
1874	台湾出兵	三菱商会軍事輸送に	
1875	三菱汽船保護決定	三菱商会⇒三菱汽船⇒郵便汽船三菱会社、PM上海線買収	
1876	萩の乱		
1877	西南の役	三菱会社による兵員輸送	
1879		三菱会社東京～香港開始	
1882		共同運輸設立	
1884			創立
1885		三菱会社と共同運輸合併して日本郵船設立	
1890			大阪～釜山線開設／大阪商船・独、蘭、英から購入方針
1893		ボンベイ線開設(廣島丸)	
1894	日清戦争		
1896	航海奨励法(1896～1909) 特定航路補助(1896～1900)	東洋汽船設立、日本郵船新航路開設＝欧州線(土佐丸)、シアトル線(三池丸)、豪州線(山城丸)	
1898		東洋汽船＝SF線開設(日本丸型3隻)	上海～漢口線開設
1904	日露戦争		
1908		欧州線革新(賀茂丸型6隻) 東洋汽船SF航路革新(天洋丸型3隻)	
1909	遠洋航路補助法		遠洋航路へ進出＝HK～タコマ線(たこま丸)
1910			神戸～基隆線開設(笠戸丸)
1913		欧州線に香取丸型5隻を就航	神戸～ボンベイ線開設
1914	第1次大戦1914～1921 パナマ運河開通		
1915		八坂丸地中海で撃沈	
1916			南米東岸線開設(笠戸丸)
1921	郵便定期航路補助法	ボンベイ線開設(廣島丸)	最初のタービン客船(ばいかる丸)

	一般事項	日本郵船	大阪商船
1923	関東大震災	長崎～上海線開設(長崎丸、上海丸)	台湾線に大型輸入船(蓬莱丸、扶桑丸)
1924			日本初のディーゼル船(音戸丸型3隻)
1925			最初の大型航洋ディーゼル船(さんとす丸型3隻)
1926	製鉄事業法(1926～1942)	日本郵船と東洋汽船の合併	アフリカ東岸線開設(かなだ丸)
1928	済南事変		
1929	NY株式大暴落	SF航路充実(浅間丸型3隻)	大連線(うらる丸型2隻)、 南米東岸線(ぶえのすあいれす丸型3隻)
1930	世界恐慌	欧州線充実(照国丸型2隻)	ニューヨーク急行線開始(畿内丸型9隻)
1931		郵商協約(大阪商船と航路調整)	郵商協約(日本郵船と航路調整)
1932	船質改善助成施設(第1次)		大阪～大連線月15航海
1934			大阪～基隆線に高千穂丸
1935	船質改善助成施設(第2次)		
1936	船質改善助成施設(第3次)		
1937	優秀船建造助成施設		大阪～基隆線の充実(高砂丸)
1938	国家総動員令		
1939	日米通商航海条約破棄	欧州線用に大型客船起工(新田丸型3隻)	南米東岸線(あるぜんちな丸、ぶらじる丸)
1940	三国軍事同盟　船舶建造融資、 損失補償法打ち切り		東アフリカ線(報国丸型3隻)
1941	太平洋戦争開戦	外国航路停止、在外邦人引き揚げ運航 (龍田丸、氷川丸、大洋丸)	
1945	太平洋戦争終結		
	喪失商船の補償打ち切り		
1948		大阪～高浜線(舞子丸)	
1953		シアトル線復活(氷川丸)	南米航路第1船(さんとす丸)
1954			南米航路第2船(ぶらじる丸)
1958			南米航路第3船(あるぜんちな丸)
1960		シアトル客船サービス停止(氷川丸)	
1989			クルーズ客船就航(ふじ丸)
1990		クリスタルクルーズ開業 (クリスタルハーモニー)	クルーズ客船就航(にっぽん丸)
1991		クルーズ客船就航(飛鳥)	

島国日本、世界の海への長き旅路

Special Contribution
by
Hisashi
Noma

草創期・産みの苦しみ

人の身体と同じく、国の生業（なりわい）でも生きるためには必要な物を摂らねばならない。海外交易ができるようになった暁には、自国で作った物産を売って必要な物を手に入れねばならない。このためには輸送手段が必須である。フランスやドイツ地域のような農業国家ならいざ知らず、オランダ、スペイン、ポルトガルとイギリスのような自国に物産の少ない国は「東インド会社」のように自国政府の息がかかった機構の船で世界各地を探索していた。

明治維新の前後から日本沿岸や海外への旅客、貨物の交通はアメリカのパシフィック・メール（PM）などに握られて、日本は《手足をもがれた》のと同然であった。海防と貿易の面でこの問題を認識して行動を起こした人物に島津斉彬や坂本龍馬があったが、若くして人生を閉じていた。実務面から問題の解決に乗り出したのが内務卿の大久保利通であった。対外取引＝海運事業を経営できる人物として、大久保が着目したのは一介の土佐藩士から商人に転身していた岩崎弥太郎であった。岩崎は、はじめ高知と東京を結ぶ海上輸送に手を出していた。のちに岩崎の組織は九十九商会⇒三菱商会⇒三菱汽船⇒郵便汽船三菱会社と改称しながら成長する。海運には船員と船舶建造ノウハウが必要であるが、ゼロから出発していたから相当な年月が必要であった。だから岩崎の持ち船は上海、香港のイギリス商人から中古船を船員付きで取得していた。

明治維新が間もないころ、日本ではさまざまな事件が起こっていた。1874年の台湾出兵、1877年には西南の役などであるが、この鎮圧にはおびただしい将兵や警官を本州各地から現地に輸送せねばならない。このために日本政府が多数の中古船を海外から購入、これを運航する大事業を岩崎の三菱商会に任せた。1870年頃の日本の海外貿易はほとんど外国商人と船会社に握られていた。だから大久保利通はこの状態を憂い、民間船会社を保護育成することを決め、その候補として三菱会社にこの役目を背負わせた。

1894年に勃発した日清戦争に勝利した日本は清国から国家予算の3倍という3億6千万円の賠償金をとる。その資金は八幡製鉄所など、国内産業基盤の強化や国内の船員養成機関の育成に使われた。このおかげで岩崎の日本郵船（三菱会社の後身）が本格的に海外への航路開設に乗りだすことができた。岩崎が政府から払い下げられた三菱長崎造船所も1884年に発足している。

明治政府は造船技術も早急に採り入れるため、三菱をはじめとする若い技師をスコットランドの名門グラスゴー大学や造船所に派遣して修学させていた。乗組員のことだが、日本郵船が外航客船を計画するとき、イギリス人ベテラン船長や士官を招聘して日本人士官の教育やレストラン・シェフの指導もさせていた。このようにネイバル・アーキテクトと士官の育成も着々と進められていた。ただ海運業経営の不安定さをカバーするため、日本政府は海外の船会社が受けた手法に倣い各種の補助政策を講じていた。

日本郵船の誕生

今の常識からしても、当時の日本で「海のものとも山のものとも」分からぬ遠洋航海ビジネスに飛び込むのは考えられないことだった。岩崎弥太郎が持ちまえの剛毅さで社員を統率していったのは、さながら16世紀に世界一周したマゼランの度胸に似た冒険と評価できる。国内航路で頭角を現していた岩崎弥太郎に注目した大久保利通と前島密駅逓頭（運輸大臣）が外国船と競ってゆけるのは岩崎弥太郎の三菱しかないと判断したのは当然といえる。

三菱にとり最初のチャンスは1874年（明治7年）に訪れる。台湾に漂着した日本漁民を虐殺した原住民を討伐すべく政府は軍隊を派遣する。3千6百余名もの大多数が派遣された理由

は、廃藩置県で家禄を失った軍人たちの不満を宥めるために大久保利通が考えた方策といわれる。軍事輸送に耐えうる船舶は政府に数隻しかなかったので、香港ブローカーを通じて13隻（1万8千総トン）を買い入れた。これら船舶を運航できるのは三菱しかないと、政府はこの13隻を三菱に無償で払い下げたばかりでなく、運航費助成金と海技者養成助成金が向こう15年間支給されていた。

1876年から77年にかけて日本は内外のトラブルに逢着する。朝鮮江華島事件、山口県の不平士族が起こした萩の乱と薩摩士族による西南の役である。このとき三菱は海外から急きょ買い入れた8隻（1万3千総トン）を含めた44隻もの自社船を御用船として提供、反乱制圧のため本州各地から召集された兵員5万8千人を山口と九州に輸送していた。この騒乱でロジスティックス役を独力で果たしたので三菱の盛名は国内にとどろく。この働きによって三菱会社の経営は強固なものとなった。

三菱に好意を持つパトロン的な存在の大久保利通が1878年に暗殺されたのちは、三菱の独占行動に反意を持つグループが共同運輸を設立、三菱と激甚な競争が繰り広げられた。しかしこの対立が国益に添わぬと判断した西郷従道（農商務卿）が両社の合併を説得、こうして1885年7月に日本郵船が誕生する。日本郵船の社旗は白地に紅色二線であるが、これは日本郵船と共同運輸の合併を示すものであった。創業者の岩崎弥太郎はこの半年前に世を去っていた。

九十九商会設立の
1870年に鋳造された
防火用に雨水を溜めておくための桶。
（写真：日本郵船歴史博物館）

大阪商船の生成

1867年から1868年にかけて兵庫（今の神戸）と大阪が開港されると、外国人商社が阪神地区での商業と汽船での阪神と西日本の各藩間の輸送を独占して大活躍をしていた。

大阪商船は日本郵船より1年前に発足している。この郵、商の生成と発展は社会地理の面で見るときわめて対照的である。明治以前から大阪を核として南紀、中国、四国に社会ができており、これらの地域を結ぶ海上交通網が敷かれていた。1877年に西南の役が起こると、大阪が軍需輸送の基地となり、瀬戸内の小船主70社以上、110隻余りが軍需輸送に持ち船を出して利益を上げた。西南戦争が終息すると急激に増加した船腹を消化するため、激烈な過当競争となり、運賃の引き下げ競争が広がっていた。

これを見兼ねた住友財閥総理の広瀬宰平ら13名が発起人となり、76隻が小船主から供出されて有限会社大阪商船が1884年に成立した。日本郵船が大久保と岩崎の政策的な判断で産まれていたのに対し、大阪商船は苦難に喘ぐ瀬戸内船主を救済するべく、民主的な手段、方法で産まれたものである。

広瀬宰平のアイディアといわれる社章は大の字を横長に図案化したもので、日本の海運会社で最も古い歴史のある社章といわれる。煙突に白色で太く描かれた大のマークは遠くからも容易に識別されて後年には世界に知れわたった。私の叔父（昭和8〜20年勤務）によると、某外国船社からこのマークの購入希望が寄せられたことがあったという。

このような生成であるから、瀬戸内を中心とする西日本水域での海上輸送で会社の基礎を固めるのに数年を要した。大阪商船が最初に選んだ外国航路は日本と歴史的に最も近い朝鮮国であった。日本は朝鮮から恒常的に米穀を輸入しており、1889年の防穀令事件に表象されたように朝鮮米は日本には必需物資であった。これを考慮して1892年に大阪〜釜山、1893年には大阪〜仁川線を開始していた。

Special Contribution by Hisashi Noma

遠洋航路への進出

=欧州航路=

日本の客船による本格的な海外進出をうながしたのはインド棉の豪商ジャムセット・タタである。この荷物を一手に輸送するP&Oなどの外船社が高率運賃を譲っていなかったので、タタ商会も輸入側の日本紡績業も外国船社の高運賃に耐えかねていた。タタ商会と日本郵船の合意で日本郵船は広島丸（32,763総トン、1891年イギリスで建造、購入）を第1船として1893年にボンベイ航路を開設した。この措置は日本郵船の歴史で記念すべきものとなる。

日清戦争が終わったのち、自国海運の重要性を認識した、というよりも日本郵船から政府への申請によるが、1896年に特定航路補助法が成立している。この法律による政府補助を当てにして、日本郵船は欧州、北米西岸、豪州への定期航路を計画していた。使用船のほとんどはイギリスへ発注していた。

まず欧州定期であるが、使用船隊をそろえるタイミングの関係から第1船に土佐丸（5,402総トン、1892年建造、前名Islam、乗客定員1等20名、2等8名、3等100名）をイギリスから購入して使用する。土佐丸は1896年3月に横浜を出帆したが、そののち11隻をイギリスの複数造船所に発注、残り2隻（常陸丸、阿波丸）は国内建造になる。当時の日本は造船用鋼材も輸入に頼っており、造船技術力は未熟で、これまで三菱造船所が建造した最大の船は1895年に手がけた大阪商船の須磨丸（1,563総トン）だけであった。須磨丸の4倍もの大型船という、空前の大仕事に取り組むため、イギリス人技術者を顧問に招き、設計の手間を省くためヘンダーソン社で建造中の神奈川丸の図面と資材を購入して起工した。

ところが、1896年に起工、翌1897年に外板を張り終わろうとするころ、ロイド船級協会から派遣されていたロバートソン検査官がリベット（鋲）の打ち方不完全とのクレームをつける。検査官の指示で打ち直しても「不完全」を繰り返して、遂にはロイド船級登録を拒否する始末となった。それでロイド本社からスタンブリー検査員長の来日を受けて検査官を更迭してようやく1898年に引渡しが終了できたという経緯があった。

常陸丸は日露戦争で陸軍運送船となり、僚船佐渡丸とともに輸送任務に従事中の1904年6月、玄界灘でロシア艦の襲撃を受けて近衛歩兵第1連隊の将兵600余名を含めた1千名が悲壮な最期を遂げた。このときイギリス人船長も殉職している。

最終船の信濃丸（6,388総トン）は特に歴史に残る功績を立てたことで明治時代の日本で有名になっている。日露戦争が勃発すると信濃丸も海軍に徴用されて仮装巡洋艦となる。日本海海戦当日の1905年（明治38年）5月27日早暁、長崎県五嶋白瀬の沖を北東に航行中、行く手に北進する対馬海峡に進入しようとする10余隻の艦影を発見する。この時に信濃丸が発信した電波が日本海海戦の歴史に残る行動となった。信濃丸のその後の足どりを付記する。海戦の1か月後に徴用が解除されてシアトル航路に転じるが、1929年に日魯漁業に売却されて蟹工船となる。太平洋戦争後は邦人引き揚げにも活躍したのち51年の長寿を記録した商船である。

こうしてそろった船隊は6千総トン型で先発のP&OやMMに引けをとらなかった。当時の貿易は日本からの生糸、米穀、欧州からは鉄製品などであったが、欧州同盟メンバーからの反対で蒐貨に苦労していた。日本郵船が欧州同盟の無制約メンバーシップを獲得するのは、第一次世界大戦で払った犠牲と挺身ゆえである。

20世紀になるとP&OやフランスのやMMラインが極東航路に新船を投入する。遠洋航路補助法（1909年発布）が1909年で期間満了になることから、日本郵船は外国船に対抗して大胆な船隊整備を実施する。

1908年から1914年のわずか6年間で11隻もの客船を就航させる。その意味では日本郵船にとり豊穣の期間だったといえる。その内容は三菱長崎と神戸の川崎造船所で賀茂丸（8,524総トン、1等83名、2等32名、3等150名）型の6隻、さらに1913〜1914年には欧州航路で最大の香取丸（10,513総トン、1等112名、2等56名、3等186名）型5隻の大投資を実行するものであった。

辛勝ながら日露戦争に勝利したので、日本の国際的信用は高まり国内企業の興隆と輸出貿易が躍進した。これで海運界もその恩恵を受けて伸長していた。

1914年に勃発した第一次世界大戦は日本の産業と海運に未曾有の盛況をもたらす。戦争に巻き込まれた欧州各国は物的、人的被害を受け

博多丸

日本郵船が欧州航路充実のため
英国と三菱長崎造船所に発注し
た神奈川丸型姉妹同型船6隻の
2番船。

Special Contribution by **Hisashi Noma**

るが、ドイツ潜水艦による無制限作戦によって日本の輸出入と海上運賃は急騰して日本の海運界は盛況を謳歌する。いわゆる《船成金》といわれた小船主が次々に生まれたのもこの時期である。

日本も日英同盟のよしみで連合国側に加わったが、主戦場から離れていたこともあり、被害は軽症であった。日本郵船は欧州同盟の一員であったから外国船が休航するなか、危険を冒して定期航路を維持したので客船5隻を戦禍喪失している。その犠牲船名と戦禍沈没年月のみ紹介する。八坂丸（10,932総トン、1915年12月）、宮崎丸（8,500総トン、1917年5月）、常陸丸（二世、6,716総トン、1917年11月）、平野丸（8,520総トン、1918年10月）。

＝北米航路＝

日本と北米を結ぶ太平洋交通の先駆者はパシフィック・メール（PM）とO&Oであった。この両者が大陸横断鉄道会社をバックに極東との交通ルートを明治維新から経営していた。このルートでは日本、中国からの生糸、製茶、ゴザのほか、旅客ではハワイや西海岸で園芸に従事する日本人のほか、大陸横断鉄道の敷設作業に雇われる中国人を運んでいた。

この当時、パナマ運河は開通しておらず、日本からの荷物は北米西岸で揚げて大陸横断鉄道で東部や中西部に送られていた。渡航する日本人はアメリカとカナダ政府による移住禁止もあり、船の乗客数には紆余曲折があった。このような状態のもと特定航路補助法があったので、日本郵船は北米と豪州への定期航路を維持していた。

PMとO&Oはサザン・パシフィック鉄道（SP）と連携したハワイ経由のサンフランシスコ航路を経営していた日本郵船は、強敵のいるルートは避けたいと考えていた。アメリカ大陸北部で鉄道を経営するグレート・ノーザン鉄道が折しも日本郵船の動向を察知、シアトルへの路線開設を提案してきた。このルートなら太平洋の大圏コースだからシスコ経由よりも1日は短縮できるとしてグレート・ノーザンと提携、3隻による香港を起点として下関、神戸、横浜に寄港する月1便のサービスを1896年8月から開始した。

第1船の三池丸（3,312総トン）には一般乗客8名と移民53名が搭乗、荷物は488トンと記録されている。最終的には使用船4隻で4週間に1便の定期出帆であった。

S. S. HAKONE MARU
Tuesday, 23rd May 193

DINNER

Second Saloon

HORS D'ŒUVRE
Varies

Consomme Cock-a-leekie

Escallope de Turbot Sauce Tartare

Suprême of Young Chicken with Carrots
Braised Stuffed Cabbage
Vegetable Curry & Rice

Roast Beef Horseradish
Potatoes — Boiled & Browned
Cauliflower Melted Butter
—— SWEETS ——
Lemon Ice-cream
Gateâu Biscuits Cream

Banana

Coffee

A magnificent gateway to the Toshogu Shrine at Nikko. With its profuse and ele
use of gold, the gate stands out prominently even amongst the many b

ration, accompanied by the lavish
corated structures of the Shrine.

箱根丸のメニュー

箱根丸(日本郵船の欧州航路)で
1933年5月2日に出されたディナ
ーメニュー。

Special Contribution by Hisashi Noma

人口6千にすぎないシアトルを航路の終点としたことで市民は感激し、三池丸が入港するとき21発の祝砲をとどろかせ全市をあげて歓迎したという。しかし開航当時は棉花、小麦粉などで潤沢だった復航に比べ、復往航の積荷は少なく船内スペースが埋まらなかった。

それで他ルートからの中古船で間に合わそうとしたが政府は納得せず、1901年になり6千トン級の新船を三菱造船所に発注した。それが加賀丸（6,301総トン、1901年、1等36名、2等16名、3等168名）、伊豫丸（1901年）、安藝丸（1903年）クラスの3隻である。この時期には三菱造船所の建造技術も向上しており、船内設備もイギリスから一流のものを輸入していたから好評で、同業他社に比して遜色はなかった。しかし使用鋼材はもとより、図面作成もイギリスの造船所に依頼していたと考えられる。

外観デザインとインテリア設計は、1930年代にディーゼル客船が出現するまで、日本郵船の客船はイギリス、例えばP&O客船に酷似していた。客室も木目のダーク調であった。これについて大阪商船船隊設計に名を残した和辻春樹はその著書でこう述べている。「帆船時代のごとく海水に濡れるわけではないのに、暗いシェードの内部にする必要はない、私はうんと明るい室内になるようにデザインさせた」。

1896〜1902年の統計によるとシアトル航路での輸出は1896年開始時の輸出金額を100として1902年は254と伸長、輸入は297となっているから、成績としてはソコソコと言えるものだった。

笠戸丸
大阪商船による南米航路の第1船笠戸丸（6,209総トン、1900年 W.リチャードソン社建造）。

＝南米航路＝

南米東岸への貨客は欧州と北米に依存しており、特にイギリス勢力が大きい航権を持っていた。1914年に勃発した第一次世界大戦で欧州品の輸入が途絶したので、これに代わり日本製品が南米に進出するようになる。またブラジルには各種の農産物があり、コーヒーは世界需要の4分の3を供給していた。加えて欧州からの移住が大戦でストップしていたため、日本人の入国が歓迎されていた。

日本からの移民は、1908年の笠戸丸（6,209総トン、前身はロシア病院船カザン）での781名輸送を筆頭に1914年まで10隻、1万5千名が移民取り扱い会社で送られていた。第一次世界大戦真っ最中の1916年12月に大阪商船は1912年に政府から払い下げを受けた笠戸丸を第1船として往復ケープタウン経由の南米東岸船を開始した。

このルートが1920年から復航を北米ガルフ、パナマ運河経由にしたのは、南米からのアメリカ人旅行客とブラジルからアメリカへのコーヒー輸送が見込めたからであった。この世界一周航路には政府からの航路補助がなされていた。このとき大阪商船の移住者輸送数は1917年に9千名であったものが1919年1万5千名、1920年2万3千名、1921年には2万2千名と著増していた。

特筆されるのは、このとき（1926〜1929年）に大阪商船は世界の他船社にあまり例のないディーゼル機関船を導入していたことである。最初の3隻はさんとす丸（7,336総トン、1等38名、2等102名、3等760名）型3隻、次の2隻はぶゑのすあいれす丸（9,626総トン、1等60名、特別3等220名、3等856名）型2隻であった。これで乗船客に好評となったばかりか、燃料費の節減で運航採算も良くなった。

1934年から1939年にかけての南米航路サービスは劇的な転変を見せる。1934年5月、ブラジル政府から移住者数が制限される。これによると年間に許容される移住者数は2千700名となる。この事態を打開するため、日本政府は経済使節団を派遣するとともにブラジル棉の大量買い付けを提議する。これでブラジル政府が軟化して対ブラジル貿易は飛躍的に増加する。この裏には大阪商船が積荷を犠牲的な低運賃率にしていたことがある。

Santos Maru

南米に移住する家族と
子女たちが集合した
船上の記念写真。

船が赤道を通過するときの赤道祭。
海神に扮した乗組員から
船長が通航許可の鍵を受け取る。

船上では乗客たちも出演する
演芸会が催される。
小道具も使い、本格的。

船のデッキで
運動会も催され、
子どもたちも参加。

さんとす丸
南米への移住者を運ぶさんとす
丸（7,267総トン、1925年三菱長
崎造船所建造）。

Special Contribution by Hisashi Noma

東洋汽船の進出

日本郵船がシアトル航路開設の準備に奔走している最中のこと。浅野廻漕部の経営者である浅野総一郎が渋沢榮一などとともに東洋汽船を創立した。航海奨励法の成立に刺激された浅野は岩崎弥太郎並みの豪胆な実行力で知られていたが、その背後には同郷の銀行家である安田善次郎の存在があった。

この時期、アメリカ大陸と極東間の物流と人の流れの接点はサンフランシスコであった。日本郵船がグレート・ノーザン鉄道とタイアップした年の7月、浅野は社員2名を連れて渡米する。ヴァンクーヴァー、シアトル、タコマと廻ったあと、サンフランシスコに着く。この港からPM客船が出港するときには数万人の見送り人が集まる情景に印象付けられていた。そのなかで在留邦人の地位は低く、中国人同様の圧迫を受けている様子が分かり、これが浅野の心をひどく打ったと伝えられている。

さっそくサザン・パシフィック鉄道(SP)を訪ねて提携を申し込んだが、「すでに30年もPMにやらせており、今ではさらに1社(O&O)を加えて8隻でやっているから、船を増やす必要はない」と断られる。そして粘り粘った浅野に根負けしたSPハンティントン社長は3隻に同意する。

浅野はその脚で大西洋を渡りイギリスの造船所との話を始める。それ以前の石油輸入で縁のあったサミュエル商会(シェルの前身)の口利きで、スコットランド東岸のサンダーランド河畔にあるサー・ジェームズ・レイン社とタイン河の造船所に3隻発注する。こうして竣工したのが日本丸、香港丸、亜米利加丸(各6千総トン)であった。

日本への帰途、サンフランシスコでSPの担当者に話したところ、「我々は三十何年も商売を立派にやっているから、お前の船に荷客の3分の1を渡す義理はない」と取り合わない。戻ってきたハンティントン社長が「浅野という男は気骨のある奴だ。ひとつ彼を育てるつもりで俺の意見に任せろ」と説得して話がまとまる。

この3姉妹船はCPL(カナダ太平洋汽船)と同じくクリッパー船首で純白の塗装は日本に前例のないものであったから、江湖の賞賛を集めた。

日露戦争中に日本商船が休航する太平洋横断航路では、PMやカナダ太平洋汽船(英)が大型客船を投入しており、働き盛りの日本丸型3隻でも太刀打ちできない。この情勢を察した浅野総一郎は、これら外船に拮抗できる1万3千トン級の巨船3隻の建造計画を立て、これを三菱造船所に発注する。これで日本の造船史に新紀元をもたらす巨大船の建造が緒につく。その船名であるが、浅野は易経の「天地玄黄」のうち、玄は黒だから良くないとして天洋、地洋、春洋と決めていた。

浅野の破天荒な計画が発表されると国内の誰もが驚くが、それ以上に驚いたのは注文を受けた三菱長崎造船所だった。新船の建造要領は船体用の鋼材やエンジンは全て東洋汽船が海外から輸入して三菱側はそれを組み立てるという、工賃だけの請負だった。ところが三菱側としてはこのような破天荒な注文は請け負えぬと難色を示したが、浅野の侠気に負けて契約した。乗客定員は1等249名、2等73名、3等600名となっていた。3等が多いのはアイルランド移民と同じく横断鉄道の建設のために渡航する中国人や、ハワイや西海岸での農園で働く日本人乗客のためであった。

日本丸

日本丸(6,307総トン、1898年J.レーン社建造)。東洋汽船が日本船で最初のサンフランシスコ航路を拓いた客船。

1908年4月に竣工した天洋丸は各地で披露される。上級船室はイギリスのアダム・ヒートン社の手になるもので、欧米一流の客船に引けを取らぬといわれた。とくに居間、寝室、浴室が一体になったスィートは日本船では最初のものであった。これには天洋丸で旅行する欧米人を驚嘆させたいという浅野の気概が含まれていた。日本各地でなされた披露宴は参会者を驚かせるに充分であったが、『東洋汽船の株は売りだ』と叫んだゲストもあったという。

邦船に見られない外観はイギリスのデザイナーがホワイトスター・ライナーにヒントを得たとしか思えぬほどスタイリッシュに仕上がっていた。さらに特記に値するのはエンジンである。レシプロ蒸気機関が全盛の時代に蒸気タービン・エンジンを搭載したことである。チャールス・パーソンズが発明した「タービニア」で世界を驚嘆させて僅か5年後にこのエンジンが天洋丸に使われたのである。

日露戦争と日本郵船

太平洋戦争ほどでないが日露戦争は、わが国の運命をかけた大戦争であったが、海運界も全社をあげて挺身し犠牲を払っている。1904年2月の宣戦布告にあわせて大型船を多数所有する日本郵船に対して軍部から次々に徴用命令が下される。この戦争は日本から中国東北部（関東州と満州）へ膨大な軍隊と軍需物資を輸送するロジスティックスが要求されたから、日本郵船、大阪商船などは持ち船の殆どを徴用船として供出した。その内訳は次の通りである。日本郵船　55隻、21万3千万総トン、東洋汽船　6隻、3万2千総トン、三井物産　9隻、2万6千総トン、大阪商船　14隻、1万8千総トン、その他　184隻、39万4千総トン　合計268隻、68万3千総トン。

開戦まもない6月にはウラジオ艦隊が日本海に出まわり日本郵船の徴用船金州丸、和泉丸、佐渡丸、常陸丸が犠牲となる。中でも前述のように常陸丸では多数の兵員と乗組員が犠牲になっていた。なお東洋汽船の3姉妹船は高速を利して仮装巡洋艦となり、遠くインド洋まで出撃してバルチック艦隊を捜索していた。大阪商船では愛国丸（1,782総トン）が旅順港口の閉塞船で沈没、太田川丸（409総トン）と舞子丸（1,178総トン）が触雷沈没していた。

天洋丸

天洋丸（13,454総トン、1908年三菱長崎造船所建造）。サンフランシスコ航路に就航した、当時の日本最大の豪華客船。

Special Contribution by Hisashi Noma

豪華客船
時代の到来

日本郵船と東洋汽船間で事実上の合併が行われた動機は日本郵船と逓信省の間で討議されたサンフランシスコ航路の更新であった。この航路に1万7千総トン型、最高速力20ノットの客船3隻をそろえるという両社間の内約に基づいていた。

こうして三菱長崎造船所に2隻（浅間丸、龍田丸）、横浜船渠に1隻（秩父丸）が建造された。外国船と競合できる日本の代表船だから外人客には笑われたくないとの気概が込められていた。インテリアデザインも国内では未熟であったから、英仏の有名なデザインハウスに依頼して国際的レベルになるように配慮していた。エントランスホール、ラウンジ、図書室、喫煙室、ダイニングルームのほか、キャビンの家具、調理器具、洗濯機やトイレット陶器まで世界一流の外国製品が使われていた。現在では考えられぬほど、当時の日本では各種品種の製作技術は未熟であった。

浅間丸型のエンジンであるが、三菱建造分はズルツァー社、横浜はB&W社から購入したものであった。機種の違いから三菱分は2本煙突、横浜分は単煙突となっていた。最高速力20ノット、航海速力18ノットと設定されていたのは、日本からの主要輸出品である生糸輸送を考えてのことであった。

アメリカでの生糸取り引きは東部と中西部で行われており、西海岸で陸揚げされた生糸は大陸横断鉄道で運ばれていた。それゆえ日本から西海岸（シアトル、サンフランシスコ、ロサンゼルス）に一刻でも早く到着することが望まれていた。このため高速力の客船には強みがあったからである。

この時期に欧州航路（社内呼称ロンドン線）に2隻、シアトル航路3隻、南米西岸航路で1隻、合計9隻の大投資を実行している。この時期、世界恐慌の余波で日本での恐慌も深刻化して、行き場のない商船の係船が急増していた。この状況を問題視した政府は、将来の海外進出と国防のため、1932年から3度にわたり船質改善助成施設を立法した。これは老令船解体2トンにつき1トン分の助成金を支払うものであった。この措置で新船31隻、20万総トンが建造された。日本郵船による9隻の大投資は世界恐慌に前後してなされたが、この不況対策のために解体された船腹は118隻、約50万総トンで、この中には天洋丸、春洋丸と、PMから購入したこれや丸、さい

龍田丸

龍田丸（16,955総トン、1930年三菱長崎造船所建造）。欧州大戦中、船腹に日章旗を描いて太平洋を疾走。

浅間丸

ロサンゼルス港で、就航した浅間丸のレセプションのため船に乗り込む人々。

ロサンゼルスに初入港した満船飾の浅間丸。日本郵船待望の優秀船としてデビューした。

Special Contribution by **Hisashi Noma**

秩父丸
アメリカ軍艦に迎えられてホノル
ルに到着する秩父丸（17,498総ト
ン、1930年横浜船渠建造）

秩父丸と同型船となる
浅間丸の1等ライブラリー。
イギリスのウィリアム・アンド・メアリー様式で設計。

秩父丸（1939年から鎌倉丸と改名）の
1等スモーキングルーム。
イギリスのチュードル様式を採用。

べりや丸があった。

　その後わが国は国防強化と海運業収入を増やすため、1937年に優秀船建造助成施設を策定する。これで具体化したのは、日本郵船では新田丸（17,150総トン、1等127名、2等86名、3等70名）型3隻であった。新田丸型3隻は靖国丸（11,930総トン、1930年竣工）の後継船として着工されていた。しかし欧州の戦局悪化のために新田丸、八幡丸は北米航路の短期就航に終わった。第3船春日丸は船台上で未成のまま海軍に買いあげられ、進水後は特設空母春日丸として完成、1942年制式空母大鷹となっている。新田丸、八幡丸も同様の運命をたどり、それぞれ特設空母沖鷹、雲鷹として殉じた。

　大阪商船ではあるぜんちな丸（12,755総トン、1等101名、特別3等130名、3等670名）と姉妹船ぶらじる丸、報國丸（10438総トン、1等50名、特別3等58名、3等304名）型3隻である。

　さらにサンフランシスコ線に2万6千総トン、速力24ノット以上の超優秀客船2隻を建造、1隻2千400万円の建造費の60%を政府が助成する条件で日本郵船が建造することになった。その要目は27,700総トン、最高速力25.5ノット、乗客定員1等220名、2等120名、3等550名であった。両船は橿原丸、出雲丸と命名される筈であったが、建造中に海軍に買い上げられたので商船とは完成しなかった。

　1930年6月、大阪商船が社運を賭してニューヨーク航路に高速ディーゼル貨物船畿内丸クラス8隻を投入すると、1931年以降には国際汽船、川崎汽船、三井物産が相次いで追従した。これで日本郵船の貨物船は1俵の生糸も積み取れなくなった。この状態に郵船の貨物部は切歯扼腕したが、同じころ同社はサンフランシスコ線、欧州ロンドン線、シアトル線の客船船隊への莫大な投資をしていた。これで資金調達が限界に達していたのである。1934年になりようやく日本郵船は長良丸型の高速貨物船6隻がそろい他社と並ぶことができた。

　日米関係が緊張の度を加えるようになると、天然資源や戦力物資の少ない日本は、定期船のほかに臨時船も配船、戦争相手となるアメリカから航空機用ガソリンや各種工作機械の買い付けに狂奔した。

　日本郵船、大阪商船では長年にわたり開拓した遠洋航路は太平洋戦争の開戦で休止し（P69へ）

あるぜんちな丸の特別室、
富士の間には
総蒔絵の壁画が施された。

あるぜんちな丸
南米に向け処女航海で神戸を出
帆する、あるぜんちな丸。

Argentina Maru

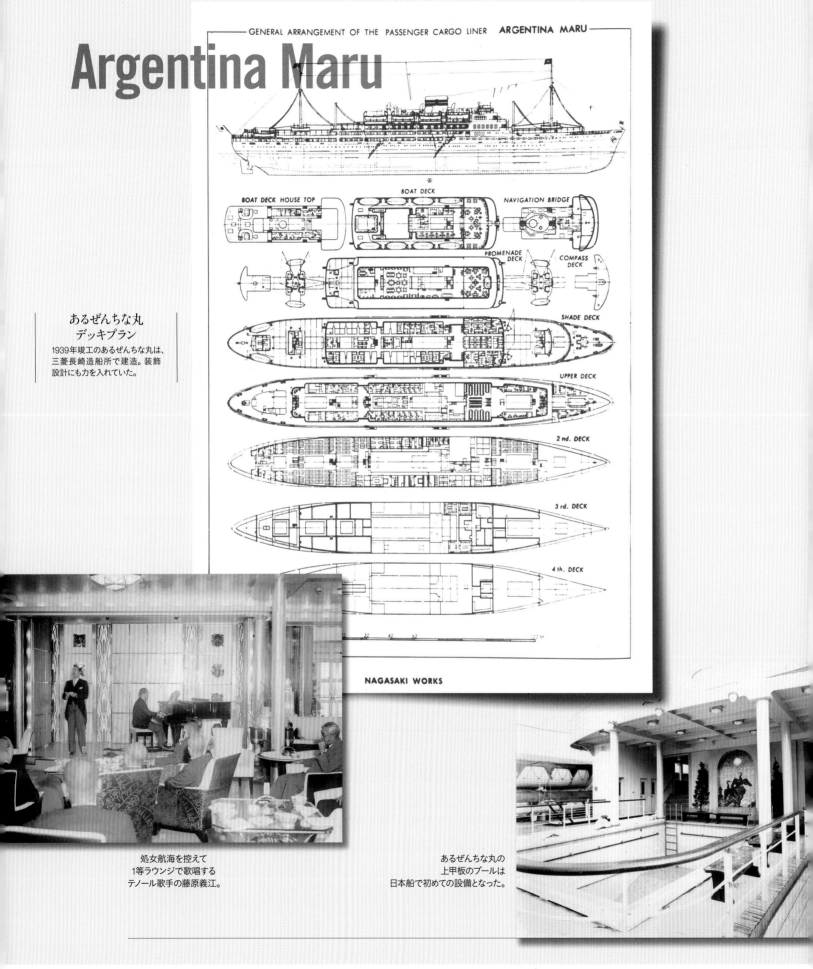

GENERAL ARRANGEMENT OF THE PASSENGER CARGO LINER ARGENTINA MARU

BOAT DECK HOUSE TOP　　BOAT DECK　　NAVIGATION BRIDGE

PROMENADE DECK　　COMPASS DECK

SHADE DECK

UPPER DECK

2 nd. DECK

3 rd. DECK

4 th. DECK

NAGASAKI WORKS

あるぜんちな丸 デッキプラン

1939年竣工のあるぜんちな丸は、三菱長崎造船所で建造。装飾設計にも力を入れていた。

処女航海を控えて
1等ラウンジで歌唱する
テノール歌手の藤原義江。

あるぜんちな丸の
上甲板のプールは
日本船で初めての設備となった。

Brazil Maru

M. S. "Brazil Maru"

ぶらじる丸

1954年に就航したぶらじる丸（2世：新三菱重工建造、乗客定員1等12名、2等68名、3等902名）の絵はがき（大久保一郎画）。

南米航路に就航した
ぶらじる丸（2世）の
1等食堂のイラスト。

・等食堂　　FIRST CLASS DINING SALOON　　SALÃO DE JANTAR DE PRIMEIRA CLASSE

Special Contribution by **Hisashi Noma**

舞子丸

戦後（1948年）に初めて建造された舞子丸（乗客定員1等32名、2等72名、3等252名：日本郵船絵はがき）。

日本航空よりも早くスチュワーデスを採用していた日本郵船の舞子丸。

所有船のほとんどが徴用された。戦禍での喪失船は日本郵船172隻、103万総トン、大阪商船は219隻、99万総トンであった。しかもこれら喪失船に対する保険金や補償金は敗戦後に戦時補償特別税の名目で国家に納付せねばならなかった。国民学校生徒のとき、メディアの宣伝に乗って「鬼畜米英」と叫んだ筆者であるが、太平洋戦争は貧乏人が大金持ちに売った喧嘩と分かった。この結果、多数の日本人が犠牲になったばかりでなく、全ての日本商船が失われてしまった。歴史を見ても《一国の商船隊がすべて消えた》事例はほかにない。戦後の困苦奮闘の末日本海運は現在の姿に回復したが、四半世紀以前までの事象への痛恨の念は消えない。

戦後の足どり

1946年、国民生活維持のためGHQが小型客船28隻の建造を許可すると、日本郵船も1948年に舞子丸（1,035総トン、1等32名、2等72名、3等252名）を新造して南洋海運（今の東京船舶）の明石丸とともに阪神〜今治〜高浜航路に就航させた。同年に小樽丸（1,994総トン、1等20名、3等246名）と姉妹船函館丸を新造して小樽〜新潟航路に配船している。大阪商船は1948年に藤丸（581総トン、2等19名、3等311名）、若草丸（1,122総トン、2等42名、3等180名）、白雲丸（2,284総トン、2等25名、3等183名）を建造している。

太平洋戦争中海軍病院船となって生き残った氷川丸のシアトル航路復帰はすぐに実現せず、それまでは国内航路（北海道〜京浜）、マレー半島の鉄鉱石（？）、ビルマやタイランドからの米、北米東岸からの小麦輸送（セントローレンス河遡行のため氷川丸のマストが短縮された）に従事していた。1953年2月になり、ようやくシアトル航路に復帰できたが、1隻による客船サービスは1960年に停止される。

それから30年後に日本郵船はクルーズ事業に舵を切る。1991年、これでクルーズ専用に飛鳥（28,717総トン、ワンクラス584名）を就航させる。ただ、この前年にクリスタルハーモニー（48,621総トン、ワンクラス960名、今の飛鳥II）を三菱長崎で建造し、北米、地中海水域での配船を目的とした現地法人を設立していた。

現在の日本郵船は飛鳥IIによる長短クルーズに活躍している。1889年に商船三井客船ふじ丸がデビューしたとき、日本郵船の有吉会長が客船サービスへの憧憬を述べられたが、社内の反対を押し切ってクリスタルクルーズ事業に踏み切った宮岡社長の英断を善しとすべきであろう。

参考文献：大阪商船（株）五十年史、大阪商船（株）八十年史 日本郵船（株）七十年史、日本郵船（株）百年史 日本海運発展史（浅原丈平、潮流社）日の丸船隊史話（山高五郎、千歳書房）北太平洋定期航路客船史（三浦昭男、出版協同社）船の思ひ出（和辻春樹、弘文社）、日本の客船1868-1945、1946-1993（海人社）

氷川丸
1953年、シアトル航路に復活して横浜を解纜する氷川丸。

2021 Schedule of Japanese Cruise Ships

速報! 2021年
日本客船スケジュール

春以降の日本客船スケジュールが続々と発表！
2021年は短めのクルーズが多く、乗りやすいコースも増えている。
日本の旅を時に海から楽しんでみては？

ASUKA II | 飛鳥II

●問い合わせ：郵船クルーズ　https://www.asukacruise.co.jp

日程	泊数	航程	料金
5月			
5/6～5/12	6泊	神戸～別府～長崎～八代～神戸（日本周遊Aコース 神戸発着 新緑の九州めぐりクルーズ）	365,000～1,650,000円
5/12～5/14	2泊	神戸～高知～神戸（神戸発着 薫風の土佐クルーズ）	118,000～527,000円
5/14～5/16	2泊	神戸～神戸（神戸発着 A-style クルーズ）	126,000～581,500円
5/16～5/18	2泊	神戸～横浜（神戸発 のんびり春旅 神戸・横浜クルーズ）	120,000～527,000円
5/18～5/23	5泊	横浜～青森～室蘭～大船渡～横浜（新緑のみちのく・室蘭クルーズ）	292,000～1,377,000円
5/24～5/26	2泊	横浜～門司（のんびり春旅 横浜・門司クルーズ）	120,000～499,500円
5/28～5/30	2泊	門司～境港～門司（門司発着 境港ウィークエンドクルーズ）	118,000～554,000円
5/30～6/2	3泊	門司～油津（日南）～名古屋（門司発 薫風の日南・名古屋クルーズ）	180,000～749,500円
6月			
6/2～6/6	4泊	名古屋～鹿児島～高知～名古屋（名古屋発着 初夏の薩摩・土佐クルーズ）	236,000～1,104,000円
6/7～6/13	6泊	横浜～下関～長崎～鹿児島～横浜（日本周遊Bコース 横浜発着 西国漫遊クルーズ）	365,000～1,650,000円
6/13～6/15	2泊	横浜～函館（初夏の横浜・函館クルーズ ）	120,000～527,000円
6/15～6/18	3泊	函館～室蘭～釧路～函館（函館 結航路 深緑の室蘭・釧路クルーズ）	163,500～749,500円
6/18～6/20	2泊	函館～函館（函館発着 洋上満喫ウィークエンドクルーズ）	126,000～581,500円
6/20～6/22	2泊	函館～横浜（函館発 夏至の函館・横浜クルーズ）	120,000～527,000円
6/22～6/23	1泊	横浜～神戸（初夏の横浜・神戸ゆったりワンナイトクルーズ）	60,000～277,000円
6/24～6/30	6泊	神戸～八戸～函館～宮古～神戸（日本周遊Cコース 神戸発着 初夏のみちのく・函館クルーズ）	348,000～1,486,500円
6/30～7/2	2泊	神戸～横浜（神戸発 夏の神戸・横浜クルーズ）	120,000～527,000円

7月

7/2〜7/4	2泊	横浜〜横浜(A-style クルーズ〜夏彩〜)	126,000〜581,500円
7/4〜7/10	6泊	横浜〜函館〜苫小牧〜釧路〜横浜(日本周遊Dコース 横浜発着 夏の北海道クルーズ)	348,000〜1,486,500円
7/10〜7/12	2泊	横浜〜鳥羽〜横浜(夏の鳥羽ウィークエンドクルーズ)	126,000〜581,500円
7/12〜7/13	1泊	横浜〜横浜(夏の横浜ワンナイトクルーズ)	54,500〜277,000円
7/13〜7/16	3泊	横浜〜清水〜高知〜神戸(夏の駿河・土佐・神戸クルーズ)	163,500〜749,500円
7/16〜7/19	3泊	神戸〜油津(日南)〜神戸(神戸発着 夏の日南クルーズ)	228,500〜993,000円
7/19〜7/21	2泊	神戸〜門司(神戸発 ぶらり夏旅 神戸・門司クルーズ)	109,000〜445,000円
7/23〜7/26	3泊	門司〜境港〜浜田〜門司(門司発着 連休利用 夏の日本海クルーズ)	195,000〜665,500円
7/26〜7/28	2泊	門司〜境港〜金沢(門司発 夏の北前航路 境港・金沢クルーズ)	109,000〜445,000円
7/28〜7/30	2泊	金沢〜酒田〜函館(金沢発 夏の北前航路 酒田・函館クルーズ)	109,000〜445,000円
7/30〜8/1	2泊	函館〜横浜(函館発 ぶらり夏旅 函館・横浜ウィークエンドクルーズ)	120,000〜445,000円

8月

8/1〜8/3	2泊	横浜〜(伊豆諸島)〜横浜(夏休み 伊豆大島・新島遊覧クルーズ)	142,500〜609,000円
8/3〜8/9	6泊	横浜〜船川(男鹿)〜秋田〜青森〜横浜(夏祭りに沸く東北 秋田・青森クルーズ)	490,000〜2,139,500円
8/9〜8/11	2泊	横浜〜伊東〜横浜(夏休み 伊東クルーズ)	154,000〜718,000円
8/11〜8/15	4泊	横浜〜小松島(徳島)〜高松〜横浜(夏祭りに沸く四国 阿波・高松クルーズ)	335,000〜1,430,000円
8/16〜8/20	4泊	横浜〜(熊野)〜高知〜横浜(夏の高知・熊野沖クルーズ) ※熊野では上陸いたしません。	335,000〜1,430,000円
8/20〜8/22	2泊	横浜〜横浜(若大将クルーズ)	170,500〜718,000円
8/22〜8/28	6泊	横浜〜室蘭〜釧路〜八戸〜横浜(夏の室蘭・釧路・八戸巡りクルーズ)	398,500〜1,814,000円
8/28〜8/30	2泊	横浜〜鳥羽〜横浜(夏休み 鳥羽ウィークエンドクルーズ)	148,000〜636,000円
8/30〜9/2	3泊	横浜〜函館〜小樽(夏の函館・小樽紀行クルーズ)	161,500〜665,500円

9月

9/2〜9/6	4泊	小樽〜稚内〜網走〜小樽(小樽発着 稚内・オホーツク網走クルーズ)	256,500〜884,000円
9/6〜9/8	2泊	小樽〜船川〜新潟(小樽発 爽秋の日本海 男鹿・新潟クルーズ)	109,000〜445,000円
9/8〜9/11	3泊	新潟〜七尾〜舞鶴〜新潟(新潟発着 秋の雅旅 能登・丹後クルーズ)	195,000〜665,500円
9/13〜9/15	2泊	佐世保〜(瀬戸内海)〜神戸(佐世保発 瀬戸内航行 秋の佐世保・神戸クルーズ)	118,000〜445,000円
9/15〜9/17	2泊	神戸〜高知〜神戸(神戸発着 秋彩高知クルーズ)	120,000〜527,500円
9/17〜9/20	3泊	神戸〜(瀬戸内海)〜細島(日向)〜神戸(神戸発着 連休利用 瀬戸内航行 秋の日向クルーズ)	203,500〜952,000円
9/20〜9/22	2泊	神戸〜横浜(神戸発 のんびり秋旅 神戸・横浜クルーズ)	120,000〜445,000円
9/22〜9/26	4泊	横浜〜鳥羽〜高知〜横浜(祝日利用 秋の行楽 鳥羽・高知クルーズ)	279,000〜1,320,500円
9/26〜10/1	5泊	横浜〜函館〜能代〜金沢(秋の日本一周クルーズ Aコース)	290,000〜1,375,000円

10月

10/1〜10/6	5泊	金沢〜門司〜鹿児島〜横浜(秋の日本一周クルーズ Bコース)	290,000〜1,375,000円
10/6〜10/8	2泊	横浜〜横浜(ザ・グレン・ミラーオーケストラ クルーズ)	131,500〜609,000円
10/8〜10/10	2泊	横浜〜横浜(横浜 オクトーバーウィークエンドクルーズ)	126,000〜581,500円
10/10〜10/13	3泊	横浜〜新宮〜四日市〜横浜(横浜 結航路 秋の新宮・四日市クルーズ)	178,000〜829,000円
10/13〜10/15	2泊	横浜〜横浜(A-trip クルーズ 〜フランス気分〜)	120,000〜554,000円
10/15〜10/17	2泊	横浜〜(伊豆諸島)〜横浜(秋の伊豆大島・新島遊覧ウィークエンドクルーズ)	131,500〜609,000円
10/17〜10/19	2泊	横浜〜神戸(のんびり秋旅 横浜・神戸クルーズ)	109,000〜445,000円
10/25〜10/26	1泊	神戸〜横浜(神戸発 秋の神戸・横浜ゆったりワンナイトクルーズ)	54,500〜222,500円
10/27〜11/2	6泊	横浜〜(瀬戸内海)〜長崎〜姫路〜横浜(30周年アニバーサリークルーズ)	447,000〜1,812,000円

NIPPON MARU | にっぽん丸

●問い合わせ：商船三井客船　https://www.nipponmaru.jp

日程	泊数	航程	料金
5月			
5/8〜5/10	2泊	横浜〜鳥羽〜横浜（週末利用 初夏の鳥羽クルーズ）	108,000〜479,000円
5/10〜/5/13	3泊	横浜〜（鳥島・孀婦岩周遊）〜（青ヶ島周遊）〜横浜（横浜発着 伊豆諸島クルーズ ~鳥島・孀婦岩・青ヶ島周遊~）	171,000〜716,000円
5/13〜/5/15	2泊	東京〜（青ヶ島周遊）〜東京（星の箱船 青ヶ島周遊クルーズ）	108,000〜479,000円
5/15〜5/16	1泊	東京〜名古屋（ウィークエンド 東京／名古屋クルーズ）	44,000〜213,000円
5/16〜5/18	2泊	名古屋〜徳島〜神戸〜名古屋（名古屋発着 にっぽん丸 Select ~徳島・淡路島~）	119,000〜490,000円
5/18〜5/19	1泊	名古屋〜神戸（名古屋/神戸クルーズ）	43,000〜212,000円
5/19〜5/21	2泊	神戸〜（瀬戸内海）〜神戸（神戸発着 瀬戸内海周遊クルーズ）	110,000〜481,000円
5/21〜5/24	3泊	神戸〜別府〜尾道糸崎〜神戸（にっぽん丸 やまたび×しまたび）	188,000〜733,000円
5/27〜5/30	3泊	広島〜鳥羽〜新宮〜広島（広島発着 伊勢神宮・熊野古道クルーズ）	173,000〜718,000円
5/31〜6/2	2泊	門司〜土佐清水〜門司（門司発着 四万十クルーズ）	108,000〜479,000円
6月			
6/2〜6/4	2泊	門司〜鳥取〜金沢（門司/鳥取/金沢クルーズ）	88,000〜421,000円
6/7〜6/11	4泊	金沢〜（仏ヶ浦周遊）〜釧路〜能代〜金沢（金沢発着 ひがし北海道と白神山地クルーズ）	224,000〜953,000円
6/12〜6/15	3泊	新潟〜白老〜釧路〜新潟（新潟発着 初夏の北海道クルーズ~釧路・白老~）	169,000〜714,000円
6/19〜6/22	3泊	東京〜大洗〜蒲郡〜東京（Oasis にっぽん丸）	182,000〜727,000円
6/22〜6/25	3泊	東京〜（石廊崎・御前崎・潮岬接航）〜浜島〜東京（東京発着 にっぽん丸 岬めぐり ~石廊崎・御前崎・潮岬~）	180,000〜725,000円
6/25〜6/27	2泊	東京〜（伊豆諸島周遊）〜東京（海の東京クルーズ）	108,000〜479,000円
6/27〜6/30	3泊	東京〜石巻〜大船渡〜東京（とことん東北クルーズ）	191,000〜736,000円
7月			
7/1〜7/3	2泊	横浜〜横浜（横浜発着 伊豆諸島周遊クルーズ）	108,000〜479,000円
7/3〜7/4	1泊	横浜〜名古屋（ウィークエンド 横浜／名古屋クルーズ）	44,000〜213,000円
7/4〜7/6	2泊	名古屋〜（瀬戸内海）〜名古屋（名古屋発着 瀬戸内海 美食クルーズ）	112,000〜483,000円
7/6〜7/7	1泊	名古屋〜神戸（名古屋／神戸クルーズ）	43,000〜212,000円
7/7〜7/10	3泊	神戸〜（都井岬・佐多岬接航）〜（足摺岬接航）〜土佐清水〜神戸（神戸発着 にっぽん丸 岬めぐり ~都井岬・佐多岬・足摺岬~）	171,000〜716,000円
7/16〜7/18	2泊	神戸〜（瀬戸内海）〜神戸（ウィークエンド 瀬戸内海クルーズ）	109,000〜479,000円
7/27〜7/29	2泊	横浜〜（伊豆諸島周遊）〜横浜（にっぽん丸ファミリークルーズ ~マジックフェス!~）	103,000〜474,000円
7/29〜7/31	2泊	横浜〜熱海〜横浜（夏休み 熱海花火クルーズ）	108,000〜479,000円
8月			
8/10〜8/11	1泊	横浜〜横浜（夏休み 横浜ワンナイトクルーズA）	53,000〜241,000円
8/22〜/8/23	1泊	横浜〜横浜（夏休み 横浜ワンナイトクルーズB）	53,000〜241,000円

PACIFIC VENUS | ぱしふぃっくびいなす

●問い合わせ：日本クルーズ客船　https://www.venus-cruise.co.jp

日程	泊数	航程	料金
5月			
5/1〜5/5	4泊	横浜〜石巻〜宮古〜大洗〜横浜（GW 三陸・常陸クルーズ）	239,000〜871,000円
5/6〜5/9	3泊	名古屋〜あしずり〜尾道糸崎〜名古屋（あしずり・瀬戸内クルーズ）	170,000〜600,000円
5/10〜5/13	3泊	神戸〜あしずり〜日南〜神戸（日南・あしずりクルーズ）	162,000〜600,000円
5/14〜5/23	9泊	神戸〜田子の浦〜釧路〜函館〜酒田〜金沢〜日向〜神戸 （春の日本一周クルーズ）	514,000〜1,795,000円
5/24〜5/30	6泊	大阪〜日南〜八代〜佐世保〜別府〜大阪（初夏の九州一周クルーズ）	317,000〜1,185,000円
6月			
6/4〜6/9	5泊	名古屋〜日向〜鹿児島〜佐世保〜名古屋（九州周遊・瀬戸内海クルーズ）	260,000〜990,000円
6/10〜6/14	4泊	横浜〜大船渡〜久慈〜宮古〜横浜（三陸リアス海岸クルーズ ~大船渡・久慈・宮古~）	219,000〜795,000円
6/15〜6/24	9泊	横浜〜白老〜秋田船川〜富山新港〜門司〜尾道糸崎〜横浜（日本一周探訪クルーズ）	506,000〜1,795,000円
6/25〜7/1	6泊	横浜〜日向〜下関〜尾道糸崎〜日高〜横浜（九州・瀬戸内・紀州クルーズ）	309,000〜1,185,000円
7月			
7/2〜7/4	2泊	名古屋〜館山〜名古屋（夏の南房総クルーズ）	108,000〜400,000円
7/5〜7/11	6泊	神戸〜石巻〜宮古〜大船渡〜神戸（東北 三陸クルーズ ~石巻・宮古・大船渡~）	309,000〜1,185,000円
7/12〜7/14	2泊	大阪〜宮崎〜大阪（夏の宮崎クルーズ ~クラシックの夕べ~）	116,000〜400,000円
7/30〜8/1	2泊	京都舞鶴〜佐渡島〜京都舞鶴（夏の佐渡島クルーズ）	116,000〜400,000円
8月			
8/2~8/6	4泊	敦賀〜秋田〜青森〜敦賀（竿燈・ねぶた東北二大祭りクルーズ）	241,000〜825,000円
8/12~8/15	3泊	名古屋〜下関〜徳島〜名古屋（阿波おどりと関門海峡花火クルーズ）	208,000〜677,000円
8/16~8/19	3泊	横浜〜（熊野大花火大会船上観賞）〜新宮〜横浜（熊野大花火と南紀クルーズ）	186,000〜659,000円
8/20~8/23	3泊	横浜〜日高〜清水〜（熱海海上花火大会船上観賞）〜横浜（熱海花火 紀州・駿河クルーズ）	174,000〜585,000円

※代金は2名1室の1名分です。
※4月1日時点の情報です。スケジュールは変更することがあります。最新情報は各船会社のホームページ等でご確認ください。

上田寿美子
Sumiko Ueda

クルーズジャーナリスト。外国客船の命名式に日本代表として招かれるなど世界的に活動、講演も行う。『マツコの知らない世界』（TBSテレビ）に出演し好評。著書に『上田寿美子のクルーズ！万才』など。日本外国特派員協会会員、日本旅行作家協会会員。

My Memorial
Nippon Maru
新生にっぽん丸で行く
錦秋のクルーズ

photo by Hideo Ueda

にっぽん丸の横浜発着「秋の絶景クルーズ〜香嵐渓〜」（2020年11月24〜26日）に乗船すると、船内は約50日かけた改装を経て、さらに進化を遂げていました。例えば、新コンセプトに基づいた客室を3種類計5室（コンセプトルーム1室、オーシャンビュースイート2室、ビスタスイート2室）も新設し、ファミリー層にも、高級志向層にも、選択肢が広がりました。今回使用した503号室の「ビスタスイート」は、新スイートの一つで、従来のデラックスベランダとデラックスツインを2部屋合併し、最大3名まで利用できる約42平米の広さが魅力的。さらに、バスルームには、ライトの色が変化するブローバスも完備し、ヒーリング＆リラクゼーション効果を実感しました。

加えて、スイート客に応対する、にっぽん丸バトラーのサービスも進化していました。ヘッドバトラーの丁寧なあいさつ。部屋付きバトラーが抜栓する田崎真也氏が仕入れたアリストンのシャンパーニュとカナッペ。さらにオーシャンダイニング「春日」で待ち受けるバトラーの出迎え。寄港地での見送りや出迎え等々、神出鬼没ともいえるスピーディーな応対と、一段と細やかになった気配りは世界のクルーズのバトラーサービスの中でもトップクラスと言えるでしょう。

初日の夕食は洋食。「秋のアソート」と名付けた美しい前菜に続き、シルクスイートと紅玉のスープ。立派なオマール海老と長崎産鱸のポワレ。口直しはザクロのグラニテ。肉料理は六甲味噌の和風ソースを合わせた黒毛和牛フィレの炭火焼。そして、デザートはモンブランと秋の果物の盛り合わせ。色とりどりの料理を口に運ぶと、明日訪れる香嵐渓の錦絵巻きが思い浮かびました。

2日目の朝、にっぽん丸は愛知県の蒲郡港に到着。タクシープラン「香嵐渓と蒲郡クラシックホテル」に参加し、まずは、豊田市にある巴川の渓谷・香嵐渓を目指しました。約4000本のカエデを有する香嵐渓は、寛永11年、香積寺・11世の三栄和尚が経を唱えながら植樹したのが始まりと言われ、東海随一の紅葉の名所として人気があります。

赤い欄干の待月橋を渡り、有名な五色もみじを見上げ、渓流のせせらぎに耳を澄ませ、紅葉トンネルをくぐると、コロナ禍で疲れていた心が、明るくなってきました。その後、蒲郡に戻り、約100年の歴史を持つ蒲郡クラシックホテルへ。華麗な城郭風建築の外観から重みのある歴史が伝わってきました。今日の昼食は赤い絨毯とクラシカルな照明器具が趣のあるメインダイニングで、

改装で新しくなったスイートを体験！
1.日本のクルーズ船で唯一のバトラーサービス。 2.青から緑など光の色が変わるロマンチックなブローバス。 3.甲殻類のうまみが詰まったオマール海老に舌鼓。 4.クルーズを終えて横浜港に着岸。 5.蒲郡港でもらった小旗「数々のおもてなしをありがとう蒲郡！」

にっぽん丸バトラー岡田さん

新スイートのブローバス

夕食のオマール海老

二宮船長もマスクをつけて操船

蒲郡港出港時には旗を振ってお別れ

6

7

8

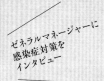

ゼネラルマネージャーに
感染症対策を
インタビュー

9

10

11

13

12

本格的なフランス料理。窓越しに広がる天然記念物の竹島と、蒲郡港に佇むにっぽん丸の織り成す風景も御馳走のうち。スープチューリンやクロッシュを用いた伝統を感じるサービスに昭和30年代に体験した西洋式ホテルライフがよみがえりました。

　蒲郡港出港の時には、岸壁から手筒花火のお見送り。人間が筒を抱え火柱を上げる勇敢な花火の妙技に、船の乗客たちは小旗を振って、声援を送り、暖かく迎えてくれた蒲郡に別れを告げました。

　さて、福元GMによれば、にっぽん丸の感染症対策は「持ち込まない・うつさない・広げない」の3本柱を基に、乗船前のPCR検査、乗船当日の検温などで水際を固め、船内では全客室に空気清浄機を備え、乗船証のQRコードで乗客の行動を追跡可能にし、陰圧化できる隔離室を準備する等々、多面的な対策が施されているとのこと。さらに、密を避けるためグランドバスの混雑状況を表す画像もできたそうです。確かに、船上生活の制約は増えましたが、津軽三味線奏者・吉田兄弟のコンサートに浸り、三遊亭萬窓の落語に笑い、粋なホライズン・バーのカクテルに酔いしれ、海や星を眺めて暮らした秋のクルーズは、心と体に優しい旅となったのでした。

Ship Data

にっぽん丸	
就航／改装年：1990／2010年	
運航会社：商船三井客船	
総トン数：22,472トン	
全長／全幅：166.6／24メートル	
乗客定員／乗組員数：532／230人	
問い合わせ：商船三井客船	
https://www.nipponmaru.jp	

クラシックホテルや
香嵐渓を訪れた蒲郡

6.光芒の下、蒲郡港に佇むにっぽん丸。　7.オーシャンビュースイートでルームサービスの朝食。　8.福元GMに改装後のポイントも教わる。　9.メインダイニング「瑞穂」では座席使用や料理の配膳にも工夫した感染症対策。10.蒲郡港出港！手筒花火のお見送りに感激。　11.愛知県豊田市にある紅葉の名所、香嵐渓。　12.蒲郡クラシックホテルは「日本クラシックホテルの会」にも加盟。　13.趣深い蒲郡クラシックホテルのメインダイニングでランチ。

CRUISE Traveller

CRUISE Traveller Next Issue
夏号のご案内

Special Feature
洋上のニューノーマルを探る
これからの船旅のかたち（仮）

運行自粛が続く世界のクルーズライン。
しかし、クルーズファンたちの旅への思いは強く
予約好調との声も実は多い。
次号では、すでに完売したコースなどから
いま盛り上がりつつある旅のトレンドを探り
来るクルーズ新時代のスタイルを考えてみる。

世界のクルーズトラベラーが注目する
今、乗りたい最高の客船はこれだ！

新型コロナ感染症の影響で、引き続き運航休止や取材延期などが予想されております。
流動的な編集環境を鑑みながら、かつ、本誌の内容とクオリティの維持をはかるべく
次号の具体的な発売日・タイトル・内容のご案内は後日とさせていただきます。

情報は逐次、公式ホームページにてご案内いたします。
http://www.cruisetraveller.jp/

CRUISE Traveller ONLINE
www.cruisetraveller.jp
CRUISE Traveller公式サイトでは
取材風景なども公開しています。

[ISBN 978-4-908514-25-8]

CRUISE Traveller
Salon

1872年、
横浜で日本初の
ガス灯が
できました。

横浜
はじめて
物語

北原照久

1948年生まれ。
ブリキのおもちゃコレクターの
第一人者として知られている。
横浜、河口湖畔、松島、
羽田空港第一ターミナルなどで
コレクションの常設展示を行っている。
テレビ、ラジオ出演のほか講演も多数。
株式会社トーイズ代表取締役。

1910年代に日本で作られたブリキのおもちゃです。15センチ角の板に円筒形の台が載っていて、周りには街の様子が描かれています。騎馬警官や交通整理のおまわりさん、新聞売りの少年、電車を待つ親子に人力車など、挙げきれないほど描かれていて、写実的なイラストに見入ってしまいます。特徴的なのは女性が和装、男性はスーツに帽子姿の洋装が多く、和洋混在。壁のレンガは、積み模様まで忠実な線画に感心します。

半円柱は駅舎を現し、線路脇には石畳や花も描かれて、ホームには蒸気機関車、乗客、米俵を担いだ男性もいて、とにかく細かく、まるで撮影したかのように描かれていることに感動するおもちゃです。

ハンドルを回すと路面電車2台が交互に手前を走り抜け、トンネルに入ってまた出てくる。線路上をチン、チン、チンとベルを鳴らしながら周回します。実際にもベルを鳴らしながら走るから「チンチン電車」と呼ばれていたことを、おもちゃでも見事に再現しているわけです。

今回注目すべきは、別パーツで立てられている「ガス灯」です。実物に忠実な形を枠とカサで現し、赤い球が炎でしょう。

横浜は、1872年、日本で初めてガス灯が作られた街。フランス人技師のプレグランから指導を受けた高島勘右衛門が、ガス会社を設立。支柱をイギリスから輸入し、灯す部分は日本人が作ったそうです。

夕方に点火して、朝方には消火する人がいた街の通りを想像してみると、現代は本当に便利ですね。

僕のところに集まってきたコレクションは、歴史を語ってくれるもの、当時こうだったのだなと感じさせてくれるものがたくさんあります。作るときから、博物館に並ぶことを知っていたのかと思えるほどの逸品です。

はじめてのクルーズ旅行ガイド

名鉄観光がお届けする

はじめての
クルーズ旅行ガイド

名鉄観光がお届けする「はじめてのクルーズガイド」は未経験の方でもクルーズの楽しさがわかる情報サイトです。客船やエリア選びからドレスコード、船内の過ごし方までクルーズマスターによるわかりやすいアドバイスが満載。もちろん、旬のおススメツアーもご用意しております。

お答えします！

クルーズマスター 小泉 芳弘

クルーズの魅力って何？

↓

客船選びのポイントは？

↓

人気のエリアはどこ？

↓

おススメのツアーはどれ？

《名鉄観光創立60周年大変お得なクルーズ！》
「飛鳥II」で航く〈横浜発東京/羽田着〉
夏の駿河・土佐・神戸クルーズ5日間

大変お得な記念クルーズの発表です
[出発日] 2021年7月13日～7月17日　225,500円（Eバルコニー）～

今回、名鉄観光創立60周年特別クルーズとして、通常のクルーズ代金をお支払いいただくと、更に復路の航空券（神戸から東京/羽田）、神戸観光、神戸でのホテル、ホテルでの昼食を無料でお付けする特別な企画です。日本を代表する客船「飛鳥II」で夏の清水、高知、神戸をめぐります。船内ではASUKA SPECIALイベントとして『サーカス』のコンサートも。是非この機会に、お得な夏のクルーズをお楽しみください。

●詳細はこちら！
http://www.mwt.co.jp/cruise/

Panorama
クルーズ紀行

はじめてのクルーズ旅行ガイド
guide.mwt.co.jp/cruise/

さわやかな旅だち
60th Anniversary
名鉄観光

●クルーズセクション
東京　TEL 03-6625-8181（クルーズ専用ダイヤ）
大阪　TEL 06-6311-6622
名古屋　TEL 052-583-1959

Wellness

今般の新型コロナ感染拡大はその規模と先行きの不透明さは予見できなかった。外出がままならない窮屈な日々は長く、船旅ファンはそろそろ気分をアップしたい。

ところが、生活にメリハリがなくなったり間食が増えたり、いつまでこの状態が続くのだろうといった不安からお通じの悩みを訴える声が周りで増えている。

そこで筆者も利用した自宅でできる医療用大腸洗浄器「大腸灌流装置」がどんなにか不調を救ってくれたかを述べたい。

腸内に長く留まっている老廃物のことを滞留便というが、長く続くと大腸ガンのリスクも高くなると、大隈鹿屋病院内視鏡センター長の後藤利夫先生は話される。「もともと長かった日本人の腸が欧米型食生活や運動不足の中で、ねじれたり垂れ下がったり、あるいは腸内の環境が悪化するのが大きな原因」。

腸洗浄は水浣腸ともいわれ、昔から世界中で行われていた民間療法で、日本でも子どもが熱を出したり腹痛を起こしたりすると行われていたそうだ。

大腸は胃や小腸で消化吸収された残りカスが通る最後の消化器官。大腸の中を移動してくる大便のカスが溜まると滞留便になるというのがメカニズム。　腸は、「肛門ー直腸ーS状結腸ー下行結腸」とつながっており、人間の左側は大腸の中でも一番出口に近い部分で汚れやすい。ここを繰り返しお湯を出し入れし清潔に保つ。特徴は肛門から下行結腸までの部分を洗い流すといった点だ。

洗浄をする際は肛門から管を入れて腸の中に温水を注入。温水によって腸の圧力が高まると腸はそれを感知して蠕動運動が活発になり、注入した水と一緒に滞留便を排出する。腸を刺激して下痢を起こさせるのとは違い、あくまでも自力での排便を促してくれるのが筆者は気に入っている。「それによって、耐性や依存症はつくりにくく自力での自然な排便の習慣をつくります」と後藤先生。

大腸洗浄器で必要なのは温水だけ。洋式トイレの中で使用するので周囲を汚すなどということもなく一人で簡単にできるのがいい。腸内環境の悪玉菌を減らして善玉菌も増やしてくれるのだろうか、在宅が続いてもおなかはいつもすっきりしている。

腸をきれいに整えておくことは、便秘の先にある大腸ガンのリスクを軽減する。後藤先生によると、現在、大腸ガンは日本人のガン死亡率で男性は3位、女性は1位で、男女ともに増えていくと警鐘を鳴らす。しかし、「大腸ガンは早期発見なら治療が可能」と。内視鏡による腸手術では最多無事故の実績を持つ屈指の腸専門医の後藤院長。自宅での腸洗浄ケアとともに3年に1度くらいの大腸内視鏡検査もすすめる。

春を迎え、内に向かいがちだった心を解き放ち旅の準備をしたいものだ。旅のもたらす充足感を得るためにも腸内環境も整えておきたい。

腸内クリーニングで
大腸ガンも予防

一人でできる大腸灌流装置はすぐ開始できるセットで販売中。購入は03ー5323ー0780（和田研究所）

医師・医学博士
大隈鹿屋病院内視鏡センター長
後藤利夫先生

1988年、東京大学医学部卒業。「大腸がん撲滅」を目標に独自の無麻酔・無痛大腸内視鏡検査法「水浸法」を開発。大腸内視鏡手術5万件以上無事故のベテラン医師。その普及に全国を飛び回る。大腸がん予防から始まった腸内細菌や乳酸菌にも造詣が深く、菌のパワーを使って健康になる方法を各所で伝授し続ける。著書は『乳酸菌がすべてを解決する』『あなたの知らない乳酸菌力』など。

ウエルネスライター
高谷治美

日本経済新報『プラス1』の医療健康記事では最新医療から健康維持、よりよいウエルネスの提案について12年以上にわたり取材執筆を行う。また、国内外の生活文化・芸術・マナーなどを多角的に取材し、各界の著名人の人物記事、広告、書籍制作にも力を注ぐ。（一社）日本プロトコール＆マナーズ協会の理事を務めている。

今回のテーマ　大腸灌流装置

外出規制が続く中でのお通じの悩みには、大腸洗浄という選択も

自力での自然な排便の
習慣づくり

Economics

新型コロナウイルスの影響で、国内のホテルは稼働率の低迷が続いています。そうしたなか、ホテル宿泊の新しいスタイルが登場しています。その一つがホテルに暮らす———。すなわち、長期滞在利用の新たなサービスの誕生です。

代表的なのは、日比谷の帝国ホテル 東京（東京・千代田）です。タワー館の客室の一部を改修して、サービスアパートメントの事業を2021年3月から開始し、人気のため現在満室となっています。気になるお値段ですが、約30平米の客室が30泊36万円、約50平米60万円（いずれも税・サービス料込み）で、最低5泊から利用可能です。各フロアには共有の洗濯乾燥機や電子レンジが備えられ、駐車場やラウンジ、フィットネスセンター、プールといった一般の宿泊者サービスも享受できます。客室にキッチンこそ付いていませんが、ルームサービスによるミール（食事）やランドリー（洗濯）といったサービスを、定額制の別料金で用意しています。

そもそもサービスアパートメントとは、欧米やオーストラリアなどによくみられる長期滞在者向けの不動産物件をさします。キッチン付きが主流で、寝室とリビングが独立するなど住空間があり、外国人（非居住者）でも契約できるのが特長です。また、米国ハワイ州のコンドミニアムホテルの場合は、不動産契約ではなくホテル税が課されます。電気、ガス、水道などを別途、契約する必要がないため、煩わしさがありません。ただし、ルームサービスのようなホテル特有のサービスは付帯していないのが一般的です。

帝国ホテルのケースは、高級ホテルならではのラグジュアリーな空間と洗練されたホテルサービスなど、一般のサービスアパートメントとは一線を画している

るのが特長です。ホテルはコロナ対策も万全です。Wi-Fiも完備で、テレワークにもおすすめ。特に立地が都心の一等地であれば、周辺の賃貸物件を借りるよりも安上がりです。

ほかにも都心では、ホテルニューオータニ（千代田）や京王プラザホテル（新宿）などが30連泊で破格な料金を出しているほか、星野リゾートやプリンスホテルもワーケーションを狙った滞在プランを各地の施設で設定しており、問い合わせも相次いでいるとのこと。

「暮らすように旅する」というテーマは、今から15年前、団塊世代の大量定年が囁かれた時代にさかのぼります。第二の人生の出帆に、退職金を手に海外でロングステイするライフスタイルが注目を浴びたのです。実際には雇用延長が進み、働くことを選んだ人が大半でしたが、それでも夢を実現させた方も少なくありませんでした。

当時、ハッピーリタイアをして海外と日本とを往き来するご夫婦の取材をしたとき、日本での拠点は持たず、国内ホテルを年契約しているのを知って驚いた記憶があります。これからも世界一周クルーズなどで家を空けることが多いため、身軽になったと聞かされました。アドレスを息子夫婦の家に置き、ほかは銀行の貸金庫という潔さです。

そのときは夢のような話と感じましたが、時代を超えて今、高級ホテルの暮らしという新たなスタイルが生まれました。今こそホテル暮らしを実践されてはいかがでしょう。

高級ホテルで
暮らすように旅する

（上）サービスアパートメントの客室イメージ（帝国ホテル 東京）。（下）滞在中はホテル内のプール、フィットネスセンターなどの施設も利用できる（帝国ホテルの例）

今回のテーマ

サービスアパートメント

今こそ「ホテルに暮らす」高級ホテルの客室がサービスアパートメントに

今、高級ホテルの滞在型プランが続々登場。
一般の宿泊者サービスを享受しながら、定額制で食事やランドリーといったサービスも。
長期滞在利用で、高級ホテルで暮らす旅はいかがでしょうか。

淑徳大学
経営学部観光経営学科　学部長・教授
千葉千枝子

中央大学卒業後、銀行勤務を経てJTBに就職。1996年有限会社千葉千枝子事務所を設立、運輸・観光全般に関する執筆・講演、TV・ラジオ出演などジャーナリスト活動に従事する。国内自治体の観光審議委員のほかNPO法人交流・暮らしネット理事長、中央大学の兼任講師も務める。

Opinion

最近、新たな試みをスタートさせている。クルーズに何かテーマ性を持たせてみる。私としての第1弾はF1モナコグランプリクルーズ。モータースポーツの最高峰、F1。年間23戦、世界を転戦する中で最もゴージャスで華やかなレースがモナコグランプリ。他のグランプリと決定的に違うのは、サーキットではなくモンテカルロ市街地の公道でのレースという点だ。幅の細い公道、最高速度は時速290キロに達する。はっきり言ってかなり危ない。しかしここで勝ったドライバーは一躍名をはせることとなり、美酒とトップチームの来年度のシートがぐっと近づいてくる。このエキサイティングかつゴージャスなお祭り、モナコグランプリをクルーズしながら観戦するというテーマクルーズ、当社では5年以上続いている。参加される方はクルマ好きの方はもちろん、あのゴージャスな雰囲気の中に身を置いてみたい、という方もいらっしゃる。一種のお祭り騒ぎなので、レースに興味がない人もけっこう楽しめる。

そんなテーマ性を持たせたクルーズの第2弾がゴルフだ。私、53歳にしてゴルフデビュー、このとてつもなく難しいスポーツと日々格闘している。それでもゴルフは楽しい。ゴルフは紳士のスポーツでもあり、メンタルのスポーツでもある。まぁ、そう固く考えなくても、単純にコースに出ると気持ちよくて楽しい。それを海外でクルーズしながらゴルフするというのがゴルフ＆クルーズだ。今年11月にその1回目のツアーを企画している。船はハワイ4島周遊する「プライドオブアメリカ」だ。カジュアル船ではあるが、フレンチやステーキ、寿司、鉄板焼きなどのレストランも充実してい

て、ドレスコードもフォーマルはなく、まさに動くリゾートホテルといった船だ。この船で1週間クルージングしながら、3～4回ゴルフを楽しむというもの。マウイ島にカパルアという名門コースがある。海沿いの絶景コース。当然海風に左右される。ここでのプレイをとても楽しみにしており、同行の皆さんと楽しみたいと思っている。

普通のクルーズなら、船が寄港地に着いたら船会社のツアーバスに乗って名所旧跡を観光したり、自分で徒歩散策したり、そんな感じがノーマルだが、例えばゴルフというテーマがあると、クルーズ中そのことを同行の皆さんとディナーを楽しみながら語り合ったり、今日の結果をバーで報告しあったり、反省会と明日の攻略法を皆さんで語り合ったり、テーマに特化した盛り上がりが楽しいのではないだろうか。

すでにゴルフ＆クルーズの発売に向けて準備を着々と進めている。ちょうどこの本が発売される頃、都内でゴルフ＆クルーズのイベントを計画している。場所はこのツアーに賛同してくださる日本のトップクラブメーカーの素敵なフラッグシップストア。ぜひQRコードでイベント詳細をチェックして、皆さんに遊びに来ていただきたい。

ゴルフとは不思議なスポーツ、53の私が70歳を超える方に歯が立たなかったり、男性と女性が一緒に楽しむこともできる。「ハワイでゴルフしながらクルーズを楽しむ」。ちょっと素敵だと思いませんか？

ハワイ4島を巡りながらゴルフを楽しむ

（上）ハワイ・マウイ島の名門コース、カパルアのベイコース。1週間のクルーズ中、ハワイ4島で3～4回プレイできる。（下）日本人に人気の高い、プライドオブアメリカのハワイ4島周遊クルーズ。

今回のテーマ
ハワイでゴルフ＆クルーズ

何かテーマを持って楽しむクルーズ、10倍楽しくなる予感！

クルーズにただ乗るだけでなく、
一つのテーマを持って出掛ける船旅はいかが？

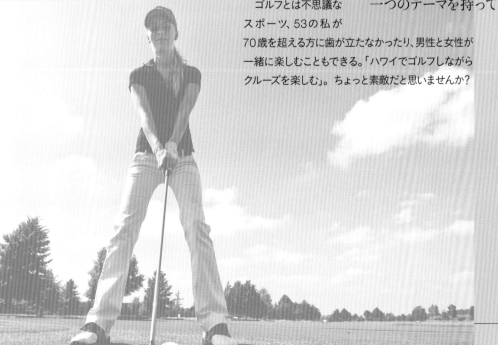

マーキュリートラベル代表

東山 真明

マーキュリートラベル代表。ポナン、シードリーム・ヨットクラブ、サガといった個性派のスモールシップに傾倒、年間70日程度、日本からのゲストと洋上で過ごす。大阪市出身。

東山真明ウェブサイト

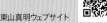

People

Q1 学生時代に起業家の道に。その歩みをお聞かせください。

原点は放浪旅行です。大学在籍中にイギリスへ語学留学をしました。休暇の際、語学の実践を目的として、中古車を手に入れ、友人とヨーロッパ20カ国を巡りました。さまざまな国の人が集うゲストハウスで繰り広げられる世代と人種を超えた人々との交流を通じて、おぼろげながら進むべき将来像が見えてきました。一つは日本に限定せず世界を基盤に仕事をするのもいいなということ。もう一つは人々が集う「場づくり」の大切さ。帰国後、在学中でしたが早々に同世代5名と旅行や海外の文化に関心がある人々の情報発信と交換の場としてカフェ&バー「バッカーズゲート」を大学の程近くに開店しました。これが起業家としてのスタートとなります。

Q2 その延長線上に今のクルーザーを使ったイベントビジネスが?

少し紆余曲折が。立ち上げた学生相手のビジネスだけでは閉塞感というか、その先の広がりが持てない。ヨーロッパで思い描いたゴールとは何か違うと感じていました。カフェの経営とは並行して土日は新聞拡張員として新たに契約を結ぶアルバイトも。「どうすれば効果的に結果を得るか」を考えることで関東一位の実績を上げることもありました。その経験から、論理的思考の大切さを、また実践的な経営を学んでおく必要も感じたことから、カフェ経営から離れコンサルティング会社に就職したのです。ある時、担当クライアントである婚礼会場から、空いている日の稼働率を上げたいと相談が。そこで提案した婚活イベント企画が毎回大盛況となりました。会場に集うゲストの笑顔を目にしたときに、自分にはやはり「場づくり」ビジネスが天職と再認識したことで現在のビジネスに取り掛かった訳です。

Q3 SPICE SERVE社の事業内容を教えてください。

完全オーダーメイドの貸切クルージングサービスが主な事業です。自社所有船と法人、個人が所有するクルーザー約70隻と契約することで。船の大小、帆船、屋形船までお客様の要望でチャーターし、企画手配から船上の運営一式を手掛けます。「目黒川の桜を船から見たい!」のようなオーダーにも対応できるノウハウが強みです。当初の顧客は記念日クルーズに興味を持つ個人のゲストでしたが、現在では記念行事などで利用される法人が主に。また、船の運行管理やその売買仲介、さらに契約しているオーナー向けに定員増などの提案も。そうすることで不動産同様に物件としての付加価値が上がり、チャーターした際にオーナーへのリターンが増やせます。このようにワンストップでさまざまなサービスを提供できるクルージングの総合商社がSPICE SERVE社です。

Q4 今後の客船クルーズ事業展開アイデアは?

就任早々着手しているのは2社のシナジー効果の追求。SPICE SERVE社の資産である10万人の顧客リストとクルーズバケーション社のノウハウを融合させることがキーになります。身近なフェリーの旅を提案していくとか、またチャータークルーズ顧客のなかには予算を気にせず自分の理想を実現したいという富裕なお客様がいるのですが、彼らに高級なクルーズ商品を提案するなど。逆に、クルーズバケーションの取引先旅行会社にSPICE社の貸切クルージングをライフイベントごとに提案をして好評を得ています。ここは私らしく、一石四鳥くらいは狙っていきたいですね。幸い、当社には客船ビジネスの経験者が多く在籍しています。彼らとともに、新しい客船ビジネスを展開していければと考えています。

異業種からクルーズビジネスへ。その背景をお聞きしました。

「目指してきたのは価値ある『場づくり』。その成功体験をクルーズビジネスで生かす。」

海を舞台に異なる2つのビジネスを展開する

(上)「アニバーサリークルーズ」と名付けた2〜600名までのさまざまな船を活用した貸切クルージング事業で急成長。料理のクオリティ向上を目的に自社レストランも保有する(下)長年にわたりクルーズビジネスをリードしてきた同社会長、木島栄子氏。「これからの時代はベンチャースピリットと異業種での知見を持つ、新たな経営者が必要」との思いで会社を譲渡したと語る。

今回のゲスト
山田康平
株式会社
クルーズバケーション
代表取締役

2001年横浜国立大学在籍中に飲食ビジネスを起業。その後、数社のインターンを経て、2004年、船井総合研究所に入社。さまざまな企業のコンサルティングに携わる。2009年再度起業し、イベント事業を開始、2011年に現社名に変更。貸切クルーズ事業を中核に店舗運営、旅行業にも取り組む。2021年にクルーズバケーション代表に就任。愛媛県松山市出身。

News & Topics

郵船クルーズ、2025年引き渡し予定の造船契約を締結

郵船クルーズは、2021年3月末にドイツの造船会社マイヤー ベルフトと新客船（51,950トン）の造船契約を締結した。2025年中に完成予定で、船名をはじめ細部の仕様は未定。環境負荷軽減などのため3種類の燃料に対応するエンジンを中型客船で初めて搭載。新造客船は、今後船内のデザインや仕様を確定させ、2023年にマイヤー ベルフトのドックで造船の実作業に入り、2025年に引き渡しを受ける予定。

■問い合わせ　郵船クルーズ
https://www.asukacruise.co.jp

クイーンエリザベス、初のテーマクルーズ発表

キュナードが2022年春に実施するクイーンエリザベスの日本周遊クルーズのうち1コースで、初めてのテーマクルーズを実施することを発表。「ベスト・オブ・ブリティッシュ〜英国ミュージック＆ビートルズ〜」と題し、ビートルズをはじめとするUKポップス＆ロックなどの音楽、英国にゆかりのある映画など、10日間を通じて英国のさまざまな側面からテーマに沿ったイベントなどを体験できる。2022年5月8日横浜発。

■問い合わせ　キュナードライン
https://www.cunard.jp

オーシャニア、新造船を「ヴィスタ」と命名

オーシャニアクルーズが、2023年にデビュー予定の新造船を「ヴィスタ」と命名すると発表した。イタリアのフィンカンティエリ造船所で建造中の同船は、7隻目の客船として就航。「ヴィスタ」の船名は旅の新時代の幕開けを映し出すという意味を込めて名付けられた。約67,000トン、乗客数1,200名。アリューラクラス船2隻のうち最初に引き渡しされ、姉妹船は2025年に完成予定。

■問い合わせ　オーシャニアクルーズ
https://jp.oceaniacruises.com

新造船でMSC ヨットクラブがさらに拡充へ

MSCクルーズは、新造船MSC ビルトーサ、MSCシーショアのヨットクラブエリアの詳細を発表。MSCシーショアでは4デッキを活用し、エリア面積3,000m²の最大級のヨットクラブエリアとなり、パブリックスペース、アウトドアスペースを広く取り入れる。2000m²の広さを誇るプールスペースでは、スタンダードジャグジーに加えてパノラミックジャグジー（8席と個別ジェットバス）が誕生する。

■問い合わせ　MSCクルーズ
https://www.msccruises.jp

プリンセスクルーズ新キャラクター、「チェリー」を発表

プリンセスクルーズは、日本発着クルーズを実施するダイヤモンドプリンセスをはじめ、アジア発着クルーズで出会える、桜をイメージしたキャラクター「チェリー」を発表。すでに親しまれている「スタンリー」の新しい友達となる「チェリー」は、同船のゲストが春の日本で楽しめる、美しい桜にちなんで付けられた。新たに登場するチェリーのぬいぐるみは、日本を訪れるアジア発着クルーズの船内でのみ購入できる予定。

■問い合わせ　カーニバル・ジャパン
https://www.princesscruises.jp

新造船コスタフィレンツェ、コスタクルーズへ引き渡し

コスタクルーズはフィンカンティエリ造船から新造船「コスタフィレンツェ」の引き渡しを2020年12月に受けた。同船は135,500トン、アジア市場向けのベネチアクラス第2船で、主に中国市場に投入される予定。船名の通りイタリアの芸術、味、洗練を表す象徴的な都市からインスピレーションを受けた船内になる予定。2021年夏季までは地中海で運航し、秋以降にアジア配船され、シンガポール起点のクルーズを実施する。

■問い合わせ　コスタクルーズ
https://www.costajapan.com

東京クルーズターミナルでクルーズフェア開催

JTBは3月28日に東京国際クルーズターミナルにて「いい船旅プロジェクト」クルーズフェアを開催した。会場にはイベントステージ、20を超えるクルーズラインや港湾関係の情報ブース、カジノコーナーなどファンが楽しめる企画を用意。特別ゲストとして登壇したタレントの北斗晶さんのクルーズ体験談に注目が集まった。感染症対策を優先して来場者を500名に限定したものの、オンライン配信でも1,500名の視聴者を集めた。

■問い合わせ　JTBクルーズ
https://www.jtb.co.jp/cruise/iifunatabi/

マリオット、新しい体験型プログラムを発表

世界最大のホテルチェーンであるマリオット・インターナショナルはアジア太平洋地域の15軒のホテルで、コロナ後を見据えた体験型プログラム『Good Travel with Marriott Bonvoy』を開始。環境保全、地域コミュニティ活性化、海洋保護の3つを柱に珊瑚礁の保全活動、ビーチ清掃、地域コミュニティへの食料配布や文化交流など特別な宿泊体験が可能というもの。日本では「ザ・リッツ・カールトン沖縄」が参加する。

■問い合わせ　マリオット・インターナショナル
https://marriottbonvoyasia.com/goodtravel

「HAPPYイースターフェスティバル with ヴァローナ」開催中

ホテル インターコンチネンタル 東京ベイでは、フランスの高級チョコレート、ヴァローナを使ったイースタースイーツを楽しめるフェア「HAPPYイースターフェスティバル with ヴァローナ」を開催中。たまごやお花、うさぎをモチーフにしたアフタヌーンティー、パフェなどが続々登場。「HAPPYイースターアフタヌーンティー」は、ニューヨークラウンジ、ハドソンラウンジ、マンハッタン（1階）で提供。期間は5月31日まで。

■問い合わせ　ホテル インターコンチネンタル 東京ベイ　https://www.interconti-tokyo.com

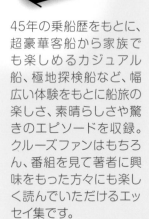

世界のクルーズシーンを紹介する季刊誌
定価1,320円(本体1,200円+税10%)／3・6・9・12月発行

2020年12月
幸せのクルーズライフ 2021
ISBN978-908514-23-4
「乗るだけで笑顔になれる」「幸せに包まれる」クルーズを紹介。改装間もない飛鳥Ⅱを上田寿美子が案内するなどハッピークルーズの数々がここに。

2020年6月
大人が愛する 究極の冒険航海
ISBN978-908514-22-7
いま世界では冒険スタイルのクルーズが人気だ。シルバーシークルーズのラグジュアリーな冒険クルーズを軸にその魅力に迫ってみた。

2020年3月号
シンガポール 100の情熱
ISBN978-908514-21-0
アジアNo.1クルーズハブとして人気の高まるシンガポール。世界での唯一無二の存在感を放つ小さな港町の最新情報を、様々な角度で掘り下げた一冊。

2019年12月
ダグラス・ワードと、最上の航海へ。
ISBN978-908514-20-3
世界で最も高名なクルーズ評論家ダグラス・ワード。50年にわたる観察眼から導き出す、いま最も乗るべき客船の数々をグラフィックにレポート。

2019年9月
ネイチャークルーズ 入門
ISBN978-4-908514-19-7
大自然に向き合い、動物たちに出会う。秘境と言われる場所、そこに行かなければ出会えない感動を求めて。すごい、かわいいに出会うクルーズガイド。

2019年6月
アジア、魂のサンクチュアリへ。
ISBN978-4-908514-18-0
アジアの港には多様な街の文化と感動が待っている。9つの街をめぐるアジアクルーズのグラフィックレポート。同じ街は二つと無かった。

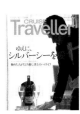
2019年3月
ゆえに、シルバーシーを愛す。
ISBN 978-4-908514-17-3
創業25周年を迎えた、ラグジュアリークルーズの騎手としての輝きを放つハイブランド、シルバーシークルーズの魅力に迫る。

2018年12月
いま、「見知らぬ港町」へ
ISBN978-4-908514-16-6
「寄港地2.0」をテーマに、次に行きたい、行くべき港町を探る一冊。世界のクルーズトラベラーの探求心を満たす注目の港町の数々を紹介する。

2018年9月
客船に 住まう。
ISBN978-4-908514-15-9
世界には客船に住まうように旅をするクルーズ上級者がいる。2週間程度のクルーズから世界一周まで、ロングクルーズでしか味わえない旅の世界。

クルーズトラベラーから生まれた小さなブックシリーズ

2017年7月
上田寿美子の クルーズ！万才
ISBN978-4-908514-10-4
テレビおなじみ！上田寿美子によるエッセイ集。45年の乗船経験をもとに船旅の素晴らしさを楽しく紹介。
定価1,600円(税別)

2016年7月
飛鳥ダイニング
ISBN978-4-908514-05-0
日本の名船、飛鳥Ⅱ。大人たちを楽しませてきた料理、空間、もてなし術から美食の歴史までを一挙公開。
定価2,000円(税別)

2016年3月
極上のクルーズ手帳
ISBN978-4-908514-02-9
クルーズコーディネーター喜多川リュウが長年の乗船経験を基にまとめたクルーズ解説書の決定版。
定価1,600円(税別)

2015年7月
ONE OCEAN
by Kazashito Nakamura
ISBN978-4-9907514-9-4
写真家・中村風詩人によるファースト写真集。世界3周分を航海して撮り続けた水平線が一冊の本に。
定価2,200円(税別)

■バックナンバーのお求めは

A＞お近くの書店にてご注文ください。
各刊のISBNコードをお伝えいただくとスムーズにご注文いただけます。

B＞ honto honto.jpでもご注文可能です。

| すべて▼ | クルーズトラベラー | 検索 |

クルーズトラベラーで検索すると一覧が表示されます。

バックナンバーに関するお問い合わせ先
クルーズトラベラーカスタマーセンター
〒104-0061
東京都中央区銀座6-14-8
銀座石井ビル4F
TEL.0120-924-962 (土日祝を除く平日10時〜15時)

飛鳥ダイニング

ASUKA DINING

名物料理から、密かに人気のおやつやB級グルメなど。料理を切り口に飛鳥Ⅱの魅力を探ります。また、後半では、上質を維持するために繰り広げられる料理人、ウェイターの日々の取り組みも紹介。料理から見えてくる飛鳥Ⅱが一流の客船でありつづける理由を楽しく紹介する1冊です。

世界に誇る、
日本の名船、
飛鳥Ⅱ。

違いのわかる大人を楽しませてきた料理、空間、もてなし術から歴史まで「飛鳥のダイニングはいつも上質」をテーマに、食卓をとりまく取り組みを一挙公開します。

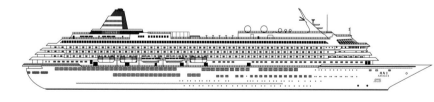

[価格]本体2,000円(税別)
[判型]A4変型
[ISBN]978-4-908514-05-0

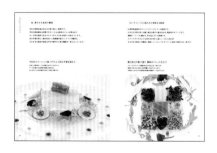

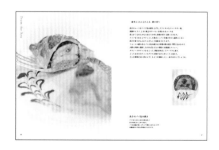

全国書店・honto ほかネット書店で発売中

歴史に触れる5月の先帝祭〜下関港

源氏・平家の最後の戦い「壇ノ浦の合戦」の舞台となった下関・関門海峡沿いでは、毎年5月に平家一門を偲ぶ「先帝祭」が執り行われます。見どころは、5人の上臈が市内を練り歩き、赤間神宮へ参拝する「上臈道中・上臈参拝」。豪華絢爛な衣装や、独特の歩き方「外八文字」は一見の価値があります。
■下関観光HP
https://shimonoseki.travel/index.php

春の訪れとともにレトロな街並みへ〜高松港

「まちなかの港」として、世界中のクルーズ客船の寄港地となっている高松港。瀬戸の春風を感じられる日、日本三大水城の高松城や瀬戸内海の島々を望みながら、高松港直結のJR高松駅から徒歩約10分の距離にある海辺の「北浜alley」を訪れ、趣あるレトロな倉庫のカフェ&ショップで、心地よいゆるやかな時の流れを。
■北浜alley紹介HP
https://www.my-kagawa.jp/point/493/

天然記念物の藤を堪能する5月〜唐津港

唐津湾に突き出たように位置する「唐津城」では、3月下旬からは桜、4月下旬からは藤が見頃を迎える。約220本の桜は城を囲むように咲き誇り、日本情緒あふれる景色を楽しめる。市の天然記念物に指定されている藤は、花房の長さは1.3m、藤棚の面積は500㎡と大変見ごたえがあり、訪れた観光客を魅了します。
■唐津観光協会HP
https://www.karatsu-kankou.jp/spots/detail/181/

楽しい港スタイル
集めました

rui+tonami

［ルイタス・トナミ］

「港スタイル」逆さま読みの当コーナーでは、楽しい、美しいの集積地にっぽんの港の旬な情報を紹介しています。

この春、歴史のシーンに触れよう〜敦賀港

「鉄道と港のまち」敦賀。かつて、命のビザを携えたユダヤ難民が上陸した日本で唯一の港。昨年リニューアルした資料館「人道の港 敦賀ムゼウム」では、史実を中心に関係者の証言・エピソードを紹介。港周辺には、恋の宮・金崎宮、赤レンガ倉庫、鉄道資料館など見所も満載。
■人道の港 敦賀ムゼウムHP
https://tsuruga-museum.jp/

花とソウルフードを楽しむ〜呉港

「呉港の魅力をほんの少しお届けします」。呉港へ入港すると、建造中の大型商船や海上自衛隊の艦船など非日常的でダイナミックな光景が広がります。また、呉湾の出入口「音戸の瀬戸」は4〜5月に桜やつつじが見頃を迎え絶好のフォトスポットとなります。市内には近海で水揚げされた魚介を提供する店も多く呉冷麺やフライケーキなどのソウルフードも観光客に人気です。
■呉地域観光日記"くれまち"ダイアリー
https://kuremachidiary.jp/

知られざる魅力をまずはホームページから〜常滑港

「クルーズ船の初寄港を目指す常滑港」。常滑港は、知多半島西海岸中央部に位置する中部国際空港の海の玄関口。港周辺では、常滑焼の歴史が生活に息づく「やきもの散歩道」や醸造文化を支えた「半田運河」をゆっくりと散策できる他、「日間賀島」で季節の海の幸を楽しむことができる。また、春は「観光農園花ひろば」の花が一番の見頃を迎えます。
■愛知県都市・交通局港湾課HP
https://www.pref.aichi.jp/soshiki/kowan/tokonamecruise.html

賑わいの商業施設へ繰り出そう〜大阪港

大人気水族館「海遊館」や商業施設『天保山マーケットプレース』に隣接した大阪港・天保山客船ターミナル。「海遊館」ではジンベエザメの水玉模様がそっくりなアイスクリーム"ジンベエソフト"が大人気。「なにわ食いしんぼ横丁」では昭和レトロな街並みを巡って老舗の"なにわグルメ"に舌鼓。大阪港は、見て、食べて、楽しい。
■大阪観光局公式HP
https://osaka-info.jp/page/tempozan-harbor-village

Cruise Line Directory クルーズラインディレクトリー

Asuka II
ゆとりの空間で楽しむ
日本最大級の客船

郵船クルーズ	t	🏛	👥	↕	↔	⛴
Asuka II 飛鳥II	50,444	800	470	241	29.6	2006

郵船クルーズ
TEL. 0570-666-154
http://www.asukacruise.co.jp

Nippon Maru
伝統を受け継ぐ
和のおもてなし

商船三井客船	t	🏛	👥	↕	↔	⛴
Nippon Maru にっぽん丸	22,472	524	230	116.6	24	2010

商船三井客船
TEL. 0120-791-211
http://www.nipponmaru.jp

Pacific Venus
ふれんどしっぷの
温かみあふれる客船

日本クルーズ客船	t	🏛	👥	↕	↔	⛴
Pacific Venus ぱしふぃっくびいなす	26,594	644	204	183.4	25	1998

日本クルーズ客船
TEL. 0120-017-383
http://www.venus-cruise.co.jp

Carnival Cruise Lines
"ファンシップ"が合言葉、
世界最大のクルーズライン。

カーニバルクルーズライン	t	🏛	👥	↕	↔	⛴
Carnival Conquest カーニバルコンクエスト	110,000	2,974	1,150	290.47	35.36	2002
Carnival Breeze カーニバルブリーズ	130,000	3,690	1,386	306	37.18	2012
Carnival Sunshine カーニバルサンシャイン	101,353	2,642	1,050	272.19	35.36	1996
Carnival Dream カーニバルドリーム	130,000	3,646	1,367	306	37.19	2009
Carnival Ecstasy カーニバルエクスタシー	70,367	2,056	920	260.6	31.39	1991
Carnival Elation カーニバルイレーション	70,367	2,052	920	260.6	31.39	1998
Carnival Freedom カーニバルフリーダム	110,000	2,974	1,180	290.47	35.36	2007
Carnival Glory カーニバルグローリー	110,000	2,974	1,180	290.47	35.36	2003
Carnival Horizon カーニバルホライゾン	133,500	3,930	1,450	322	37	2018
Carnival Legend カーニバルレジェンド	88,500	2,124	930	293.52	32.2	2002
Carnival Liberty カーニバルリバティ	110,000	2,976	1,180	290.47	35.36	2005
Carnival Magic カーニバルマジック	130,000	3,690	1,386	306	35.36	2011
Carnival Miracle カーニバルミラクル	88,500	2,124	910	293.52	32.2	2004
Carnival Panorama カーニバルパノラマ	133,500	3,954	1,450	322	37	2019
Carnival Paradise カーニバルパラダイス	70,367	2,052	920	260.6	31.39	1998
Carnival Pride カーニバルプライド	88,500	2,124	910	293.52	32.2	2002
Carnival Sensation カーニバルセンセーション	70,367	2,056	920	260.6	31.39	1993
Carnival Spirit カーニバルスピリット	88,500	2,124	910	293.52	32.2	2001
Carnival Splendor カーニバルスプレンダー	113,000	3,006	1,503	290.17	35.36	2008
Carnival Triumph カーニバルトライアンフ	101,509	2,758	1,090	272.19	35.36	1999
Carnival Valor カーニバルヴァラー	110,000	2,984	1,150	290.47	35.36	2004
Carnival Victory カーニバルビクトリー	101,509	2,758	1,090	272.19	35.36	2000
Carnival Vista カーニバルビスタ	133,500	3,934	1,450	321	—	2016
Mardi Gras マルディグラ	180,000	5,500	—	344	—	2020

アンフィトリオン・ジャパン
TEL. 03-3832-8411
http://www.amphitryon.co.jp

Celebrity Cruises
きめ細かなサービスが売りの
エレガントなクルーズ。

セレブリティクルーズ	t	🏛	👥	↕	↔	⛴
Azamara Journey アザマラジャーニー	30,277	694	390	180	25	2000
Azamara Quest アザマラクエスト	30,277	694	390	180	25	2000
Celebrity Apex セレブリティエイペックス	129,500	2,918	1,320	306	39	2020
Celebrity Constellation セレブリティコンステレーション	91,000	2,034	920	294	32	2002
Celebrity Eclipse セレブリティイクリプス	122,000	2,850	1,246	314	36	2010
Celebrity Edge セレブリティエッジ	129,500	2,918	1,320	306	39	2018
Celebrity Equinox セレブリティイクノス	122,000	2,850	1,246	314	36	2009
Celebrity Flora セレブリティフローラ	5,739	100	—	101	16	2019
Celebrity Infinity セレブリティインフィニティ	91,000	2,050	999	294	32	2001
Celebrity Millennium セレブリティミレニアム	91,000	2,034	999	294	32	2000
Celebrity Silhouette セレブリティシルエット	122,000	2,886	1,233	314	36	2011
Celebrity Solstice セレブリティソルスティス	122,000	2,850	1,246	314	36	2008
Celebrity Summit セレブリティサミット	91,000	2,038	999	294	32	2001
Celebrity Xpedition セレブリティエクスペディション	2,824	92	64	90	14	2004

クルーベル・コミュニケーション・ジャパン
https://www.celebritycruises.com

Crystal Cruises
日本人の感性にマッチした
ラグジュアリーな外国船。

クリスタルクルーズ	t	🏛	👥	↕	↔	⛴
Crystal Serenity クリスタルセレニティ	68,870	1,070	655	250	32.2	2003
Crystal Symphony クリスタルシンフォニー	51,044	922	566	238	30.2	1995

クリスタルクルーズ
https://www.crystalcruises.jp

Cunard
英国の誇りと伝統を感じる
クルーズライン。

キュナード	t	🏛	👥	↕	↔	⛴
Queen Elizabeth クイーンエリザベス	90,400	2,092	1,003	294	32.25	2010
Queen Mary2 クイーンメリー2	151,400	2,620	1,253	345	41	2004
Queen Victoria クイーンヴィクトリア	90,000	2,000	1,001	294	32.3	2007

キュナードライン ジャパンオフィス
http://www.cunard.jp

t…トン(t) 🏛…乗客定員(人) 👥…乗組員数(人) ↕…全長(m) ↔…全幅(m) ⛴…就航・改装(年)

Costa Cruises

陽気なイタリアンスタイルが魅力、
アジアクルーズも充実。

コスタクルーズ	t	🛅	👥	↕	↔	🚢
Costa Atlantica コスタアトランチカ	86,000	2,680	897	292.5	32.2	2000
Costa neoClassica コスタネオクラシカ	53,000	1,680	607	220.6	30.8	1991
Costa Deliziosa コスタデリチョーザ	92,600	2,826	934	294	32.3	2010
Costa Diadema コスタディアデマ	132,500	4,947	1,253	306	37.2	2014
Costa Favolosa コスタファボローザ	114,500	3,800	1,100	290	35.5	2011
Costa Fascinosa コスタファシノーザ	113,200	3,800	1,100	290	35.5	2012
Costa Fortuna コスタフォーチュナ	103,000	3,470	1,027	272	35.5	2003
Costa Luminosa コスタルミノーザ	92,600	2,826	1,050	294	32.3	2009
Costa Magica コスタマジカ	103,000	3,470	1,027	272	35.5	2004
Costa Mediterranea コスタメディタラニア	86,000	2,680	897	292	32.2	2003
Costa Pacifica コスタパシフィカ	114,500	3,780	1,100	290	35	2009
Costa neoRiviera コスタネオリビエラ	48,200	1,727	500	216.5	28.8	1999
Costa Serena コスタセレーナ	114,500	3,780	1,100	290	35.5	2007
Costa Venezia コスタベネチア	135,500	5,260	—	323.6	37.2	2019

コスタクルーズ
http://www.costajapan.com

Disney Cruise Line

ディズニーの世界を
満喫できるクルーズライン。

ディズニークルーズライン	t	🛅	👥	↕	↔	🚢
Disney Dream ディズニードリーム	128,000	4,000	1,458	340	38	2011
Disney Magic ディズニーマジック	83,000	2,400	975	294	32	1998
Disney Wonder ディズニーワンダー	83,000	2,400	975	294	32	1999

郵船トラベル
TEL. 0120-55-3951
http://www.ytk.co.jp/dis/index

Dream Cruises

美食やホスピタリティが魅力の
アジア初のプレミアム客船

ドリームクルーズ	t	🛅	👥	↕	↔	🚢
Explorer Dream エクスプローラードリーム	75.338	1,856	1,225	268	32	1999
Genting Dream ゲンティンドリーム	150,695	3,352	2,016	335	40	2016
World Dream ワールドドリーム	150,695	3,352	2,016	335	40	2017

ゲンティンクルーズライン
スタークルーズ日本オフィス
TEL. 03-6403-5188
http://www.dreamcruise.jp

Holland America Line

美術館のような内装も魅力の
クルーズライン。

ホーランドアメリカライン	t	🛅	👥	↕	↔	🚢
Amsterdam アムステルダム	62,735	1,380	600	238	32.2	2000
Eurodam ユーロダム	86,273	2,104	929	285.3	32	2008
Koningsdam コーニングズダム	99,500	2,650	—	297	35	2016
Maasdam マースダム	55,575	1,627	580	219.21	30.8	1993
Nieuw Amsterdam ニューアムステルダム	86,273	2,104	929	285	32.2	2010
Noordam ノールダム	82,318	2,457	800	285	32.21	2006
Oosterdam オーステルダム	82,305	1,916	817	285	32.22	2003
Prinsendam プリンセンダム	38,848	835	428	204	28.9	1988
Rotterdam ロッテルダム	61,849	1,802	600	237.95	32.25	1997
Statendam スタテンダム	55,819	1,627	580	219.21	30.8	1993
Veendam ヴィーンダム	57,092	1,719	580	219.21	30.8	1996
Volendam フォーレンダム	61,214	1,850	615	237.91	32.25	1999
Westerdam ウエステルダム	82,348	2,455	817	285.24	32.21	2004
Zaandam ザーンダム	61,396	1,850	615	237	32.25	2000
Zuiderdam ザイデルダム	82,305	2,387	817	285.42	32.25	2002

オーバーシーズトラベル
TEL. 03-3567-2266
http://www.cruise-ota.com/
holland

MSC Cruises

地中海生まれの
イタリアンスタイルクルージング。

MSCクルーズ	t	🛅	👥	↕	↔	🚢
MSC Armonia MSCアルモニア	65,542	2,679	721	274.9	32	2004
MSC Bellissima MSCベリッシマ	167,600	5714	—	315.83	43	2019
MSC Divina MSCディヴィーナ	139,072	4,345	1,388	333.3	37.92	2012
MSC Fantasia MSCファンタジア	137,936	4,363	1,370	333.3	37.92	2008
MSC Lirica MSCリリカ	65,591	2,679	721	274.9	32	2003
MSC Magnifica MSCマニフィカ	95,128	3,223	1,038	293.8	32.2	2010
MSC Meraviglia MSC メラビリア	171,598	5,714	1,536	315	43	2017
MSC Musica MSCムジカ	92,409	3,223	1,014	293.8	32.2	2006
MSC Opera MSCオペラ	65,591	2,679	728	274.9	32	2004
MSC Orchestra MSCオーケストラ	92,409	3,223	1,054	293.8	32.2	2007
MSC Seaside MSCシーサイド	160,000	5,179	1,413	323	41	2017
MSC Seaview MSCシービュー	160,000	5,179	1,413	323	41	2018
MSC Sinfonia MSCシンフォニア	65,542	2,679	765	274.9	32	2005
MSC Splendida MSCスプレンディダ	137,936	4,363	1,370	333.3	37.92	2009
MSC Poesia MSCポエジア	92,627	3,223	1,388	293.8	32.2	2008
MSC Preziosa MSCプレチオーサ	139,072	4,345	1,388	333.3	37.92	2013

MSCクルーズジャパン
TEL. 03-5405-9211
http://www.msccruises.jp

Norwegian Cruise Line

楽しみ方自由自在の、フリースタイルクルージング。

ノルウェージャンクルーズライン	t	🏛	👥	↕	↔	⚓
Norwegian Breakaway　ノルウェージャンブレイクアウェイ	144,017	4,000	1,753	324	39.7	2013
Norwegian Bliss　ノルウェージャンブリス	168,028	4,004	1,716	331.4	41.4	2018
Norwegian Dawn　ノルウェージャンドーン	92,250	2,224	1,126	294.1	32	2001
Norwegian Encore　ノルウェージャンアンコール	167,800	3,998	1,735	333	41.4	2019
Norwegian Epic　ノルウェージャンエピック	155,873	4,100	1,753	329	40.5	2010
Norwegian Getaway　ノルウェージャンゲッタウェイ	146,600	4,000	1,753	324	39.7	2014
Norwegian Gem　ノルウェージャンジェム	93,530	2,394	1,101	294.1	32.2	2007
Norwegian Jade　ノルウェージャンジェイド	93,558	2,402	1,076	294.1	32.2	2008
Norwegian Jewel　ノルウェージャンジュエル	93,502	2,376	1,100	294.1	32.2	2005
Norwegian Pearl　ノルウェージャンパール	93,530	2,394	1,099	294	32.2	2006
Norwegian Sky　ノルウェージャンスカイ	77,104	950	914	260	32.2	2002
Norwegian Star　ノルウェージャンスター	91,000	2,240	1,069	294.1	32	2002
Norwegian Sun　ノルウェージャンサン	78,309	1,936	916	260	32.2	2001
Pride of America　プライドオブアメリカ	80,439	2,138	1,000	280.4	32.1	2005

ノルウェージャンクルーズライン
http://www.ncljpn.jp

Oceania Cruises

ベルリッツクルーズガイドで5つ星、有名シェフが手がけるグルメも魅力。

オーシャニアクルーズ	t	🏛	👥	↕	↔	⚓
Nautica　ノーティカ	30,277	684	386	181	25.5	1998
Marina　マリーナ	65,000	1,258	800	236.7	32.1	2011
Riviera　リビエラ	65,000	1,250	800	236.7	32.1	2012
Regatta　レガッタ	30,277	684	386	181	25.5	1998

オーシャニアクルーズ
TEL.03-4530-9884
https://jp.oceaniacruises.com

Paul Gauguin Cruises

タヒチの島々を巡るラグジュアリー客船

ポールゴーギャンクルーズ	t	🏛	👥	↕	↔	⚓
Paul Gauguin　ポールゴーギャン	19,200	332	217	156.5	21.6	2012

インターナショナル・クルーズ・マーケティング
TEL. 03-5405-9213
http://www.icmjapan.co.jp/pg

Ponant

美食が売りの、ガストロノミーシップ。

ポナン	t	🏛	👥	↕	↔	⚓
L'austral　ロストラル	10,700	264	140	142	18	2011
Le Boreal　ルボレアル	10,700	264	140	142	18	2010
Le Bougainville　ルブーゲンビル	9,900	184	110	131	18	2019
Le Champlain　ルシャンプラン	9,900	184	110	131	18	2018
Le Dumont d'Urville　ルデュモンデュルヴィル	9,900	184	110	131	18	2019
Le Jacques Cartier　ルジャックカルティエ	9,900	184	110	131	18	2021
Le Laperouse　ルラペルーズ	9,900	184	110	131	18	2018
Le Lyrial　ルリリアル	10,700	260	140	142	18	2015
Le Ponant　ルポナン	1,443	64	32	88	12	1991
Le Soleal　ルソレアル	10,700	264	140	142	18	2013

ポナン
http://www.ponant.jp

Princess Cruises

個人の好みに合わせた、パーソナルチョイスクルージング。

プリンセスクルーズ	t	🏛	👥	↕	↔	⚓
Island Princess　アイランドプリンセス	92,000	1,970	900	290	32	2003
Caribbean Princess　カリビアンプリンセス	116,000	3,100	1,100	290	36	2004
Coral Princess　コーラルプリンセス	92,000	1,970	900	290	32	2002
Crown Princess　クラウンプリンセス	116,000	3,070	1,100	290	36	2006
Dawn Princess　ドーンプリンセス	77,000	1,950	900	261	32	1997
Diamond Princess　ダイヤモンドプリンセス	116,000	2,670	1,238	290	37.5	2004
Emerald Princess　エメラルドプリンセス	113,000	3,070	1,100	290	36	2007
Golden Princess　ゴールデンプリンセス	109,000	2,600	1,100	290	36	2001
Grand Princess　グランドプリンセス	109,000	2,600	1,100	290	36	1998
Majestic Princess　マジェスティックプリンセス	143,700	3,560	1,350	330	38.4	2017
Ocean Princess　オーシャンプリンセス	30,200	670	370	178	25	1999
Pacific Princess　パシフィックプリンセス	30,200	670	370	178	25	1999
Ruby Princess　ルビープリンセス	113,000	3,070	1,100	290	36	2008
Sapphire Princess　サファイアプリンセス	116,000	2,670	1,238	290	37.5	2004
Sky Princess　スカイプリンセス	144,650	3,660	1,346	330	38.4	2019
Star Princess　スタープリンセス	109,000	2,600	1,100	290	36	2002
Regal Princess　リーガルプリンセス	141,000	3,600	1,346	330	47	2014
Royal Princess　ロイヤルプリンセス	141,000	3,600	1,346	330	47	2013

プリンセスクルーズ ジャパンオフィス
http://www.princesscruises.jp

Regent Seven Seas Cruises

思うままにくつろげる、洋上の我が家。

リージェントセブンシーズクルーズ	t	🏛	👥	↕	↔	⚓
Seven Seas Explorer　セブンシーズエクスプローラー	56,000	542	748	224	31	2016
Seven Seas Mariner　セブンシーズマリナー	48,075	700	445	216	28.3	2001
Seven Seas Navigator　セブンシーズナビゲーター	28,550	490	345	172	24.7	1999
Seven Seas Splendor　セブンシーズスプレンダー	50,125	750	542	224	31	2020
Seven Seas Voyager　セブンシーズボイジャー	42,363	700	447	204	28.8	2003

リージェントセブンシーズクルーズ
https://jp.rssc.com

　　t…トン(t)　🏛…乗客定員(人)　👥…乗組員数(人)　↕…全長(m)　↔…全幅(m)　⚓…就航・改装(年)

Royal Caribbean International

世界最大の客船も有する、バラエティ豊かなラインアップ。

ロイヤルカリビアンインターナショナル	t	🏛	🛳	↕	↔	⛴
Adventure of the Seas　アドベンチャーオブザシーズ	137,276	3,114	1,185	310	48	2001
Anthem of the Seas　アンセムオブザシーズ	167,800	4,180	1,500	348	41	2015
Allure of the Seas　アリュールオブザシーズ	225,282	5,400	2,384	361	66	2010
Brilliance of the Seas　ブリリアンスオブザシーズ	90,090	2,112	848	293	32	2002
Enchantment of the Seas　エンチャントメントオブザシーズ	81,000	2,252	873	301	32	1997
Explorer of the Seas　エクスプローラーオブザシーズ	137,308	3,114	1,185	310	48	2000
Freedom of the Seas　フリーダムオブザシーズ	154,407	3,634	1,360	338	56	2006
Harmony of the seas　ハーモニーオブザシーズ	227,000	5,400	2,165	361	63	2016
Independence of the Seas　インディペンデンスオブザシーズ	154,407	3,634	1,360	338	56	2006
Jewel of the Seas　ジュエルオブザシーズ	90,090	2,112	859	293	32	2004
Liberty of the Seas　リバティオブザシーズ	154,407	3,634	1,360	338	56	2007
Majesty of the Seas　マジェスティオブザシーズ	73,941	2,380	884	268	32	1992
Mariner of the Seas　マリナーオブザシーズ	138,279	3,114	1,185	310	48	2003
Navigator of the Seas　ナビゲーターオブザシーズ	138,279	3,114	1,213	310	48	2002
Oasis of the Seas　オアシスオブザシーズ	225,282	5,400	2,384	361	66	2009
Ovation of the Seas　オベーションオブザシーズ	167,800	4,180	1,500	348	41	2016
Quantum of the Seas　クァンタムオブザシーズ	167,800	4,180	1,500	348	41	2014
Radiance of the Seas　レディアンスオブザシーズ	90,090	2,139	869	293	32	2001
Rhapsody of the Seas　ラプソディオブザシーズ	78,491	1,998	765	279	32	1997
Serenade of the Seas　セレナーデオブザシーズ	90,090	2,110	891	294	32	2003
Spectrum of the Seas　スペクトラムオブザシーズ	168,666	4,246	1,551	347	41	2019
Symphony of the Seas　シンフォニーオブザシーズ	230,000	5,494	2,175	362	65	2018
Vision of the Seas　ビジョンオブザシーズ	78,491	2,000	765	279	32	1998
Voyager of the Seas　ボイジャーオブザシーズ	137,276	3,114	1,176	310	48	1999

ミキ・ツーリスト
http://www.royalcaribbean.jp

SAGA Cruises

落ち着いた雰囲気の中楽しめる、ブリティッシュスタイルクルーズ。

サガクルーズ	t	🏛	🛳	↕	↔	⛴
Saga Sapphire　サガサファイア	33,701	1,158	406	199	28.6	1982
Spirit of Discovery　スピリットオブディスカバリー	58,250	999	517	236	31.21	2019

マーキュリートラベル
TEL. 045-664-4268
http://www.mercury-travel/saga

Seabourn Cruise Line

ヨットタイプのスモールシップで楽しむ、最高峰のクルーズ。

シーボーンクルーズライン	t	🏛	🛳	↕	↔	⛴
Seabourn Encore　シーボーンアンコール	40,350	600	400	210	28	2016
Seabourn Odyssey　シーボーンオデッセイ	32,000	450	330	195	25.2	2009
Seabourn Quest　シーボーンクエスト	32,000	450	330	195	25.2	2011
Seabourn Sojourn　シーボーンソジャーン	32,000	450	330	195	25.2	2010

オーバーシーズトラベル
TEL. 03-3567-2266
http://cruise-ota.com/seabourn
カーニバル・ジャパン
TEL. 03-3573-3610
https://www.seabourn.com

Silversea Cruises

クルーズ界のロールスロイスとも呼ばれる、ラグジュアリーシップ。

シルバーシークルーズ	t	🏛	🛳	↕	↔	⛴
Silver Cloud　シルバークラウド	16,800	296	222	156.7	21.5	1994
Silver Discoverer　シルバーディスカバラー	5,218	120	74	103	15.4	2014
Silver Origin　シルバーオリジン	5,800	100	—	101	16	2020
Silver Muse　シルバーミューズ	40,700	596	411	212.8	27	2017
Silver Shadow　シルバーシャドー	28,258	382	302	186	24.9	2000
Silver Spirit　シルバースピリット	36,000	540	376	198.5	26.2	2009
Silver Whisper　シルバーウィスパー	28,258	382	302	186	24.9	2001
Silver Wind　シルバーウインド	17,400	296	222	156.7	21.5	1995

シルバーシークルーズ
https://www.silversea.com

Star Clippers

風と波を感じる帆船で、魅惑の寄港地へ。

スタークリッパーズ	t	🏛	🛳	↕	↔	⛴
Royal Clipper　ロイヤルクリッパー	4,425	227	106	134	16	2000
Star Clipper　スタークリッパー	2,298	170	74	115.5	15	1992
Star Flyer　スターフライヤー	2,298	170	74	115.5	15	1991

メリディアン・ジャパン
TEL. 0476-48-3070
https://starclippers.jp

Viking Ocean Cruises

名門バイキング社を受け継ぐ大人のためのクルーズライン

バイキングオーシャンクルーズ	t	🏛	🛳	↕	↔	⛴
Viking Sea　バイキングシー	47,800	930	550	230	28.8	2016
Viking Star　バイキングスター	47,800	930	550	230	28.8	2015
Viking Sky　バイキングスカイ	47,800	930	550	230	28.8	2017
Viking Sun　バイキングサン	47,800	930	550	230	28.8	2017

オーシャンドリーム
TEL. 042-773-4037
http://oceandream.co.jp

Windstar Cruises

3隻のラグジュアリーな帆船を有するクルーズライン。

ウインドスタークルーズ	t	🏛	🛳	↕	↔	⛴
Star Breeze　スターブリーズ	9,975	212	140	134	19	1989
Star Legend　スターレジェンド	9,975	212	140	134	19	1992
Star Pride　スタープライド	9,975	212	140	134	19	1988
Wind Spirit　ウインドスピリット	5,350	148	88	134	15.8	1988
Wind Star　ウインドスター	5,350	148	88	134	15.8	1986
Wind Surf　ウインドサーフ	14,745	312	163	187	20	1990

セブンシーズリレーションズ
TEL. 03-6869-7117
http://windstarcruises.jp

Final Edit

小さな、美しい気づかい。

text by Masatsugu Mogi, photo by Katsuhiko Tsukada

桔梗だろうか？ すてきな水彩画で彩られたある日のランチメニュー。特集に
て紹介したぶらじる丸の「壱等洋食献立綴」からの1枚だ。多くのランチメ
ニューには菊や牡丹などの日本の植物が描かれている。時には紋黄蝶など昆
虫たちも。季節を感じる自然の創造物をさりげなく日常の嗜みに散りばめると
ころは、何やら茶の湯の流儀にも通じるものではないか。往路では「しばらく
離れる日本を忘れないように」。復路では「久しぶりに帰る日本を思い出し
て」。洋上で少しばかり心寂しい旅人たちに、挿絵が語りかけてくる。そんな
気づかいがぶらじる丸の献立綴からは見てとれた。

CRUISE Traveller ONLINE
www.cruisetraveller.jp
CRUISE Traveller公式サイトでは
今号の取材模様を公開しています。

Staff

Publisher
Noriko Tomioka 富岡範子

Editor-in-Chief
Masatsugu Mogi 茂木政次

Associate Editor
Nami Shimazu 島津奈美

Editors
Taku Tanji 丹治たく
Koji Nakamachi 仲町康治
Chieko Chiba 千葉千枝子
Harumi Takaya 高谷治美

Art Director
Kenji Inukai 犬飼健二

Designers
Mayumi Takai 高井真由美
　　　　（犬飼デザインサイト）
Fukumi Ito 伊藤ふくみ
　　　　（犬飼デザインサイト）
Hiroyuki Hitomi 人見祐之
　　　　（PDSTUDIO）

Senior Correspondents
Hisashi Noma 野間恒

Contributing Editor
Yoshihito Hongo 本郷芳人
　　　　（rui+tonami）

Printing Manager
Kenichiro Imano 今野健一朗

CRUISE Traveller
クルーズトラベラー Spring 2021
にっぽんの客船
アーカイブス
2021年4月28日初版発行

Published by
発行
クルーズトラベラーカンパニー株式会社
〒104-0061
東京都中央区銀座6-14-8
銀座石井ビル4F
TEL 03-6869-3990

Distribution by
発売
丸善出版株式会社
〒101-0051
東京都千代田区神田神保町2-17
神田神保町ビル6F
電話 03-3512-3256

Printed by
印刷・製本
三共グラフィック株式会社

定期購読に関するお問い合わせ
TEL 0120-924-962
（土日祝を除く平日10〜15時）

ISBN 978-4-908514-24-1　C0026
Printed in Japan

クルーズクラスマガジン
クルーズトラベラーは、
船旅を愛する読者に支えられ
3・6・9・12月にリリースしています。